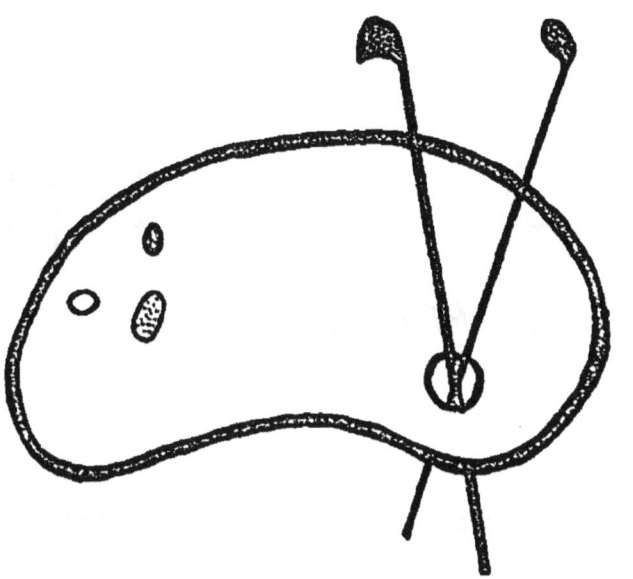

DEBUT D'UNE SERIE DE DOCUMENTS
EN COULEUR

HISTOIRE

DE LA

Sainte Tunique

D'ARGENTEUIL

MANUSCRIT INÉDIT D'UN BÉNÉDICTIN DE SAINT-MAUR

Publié avec une introduction biographique, un supplément et des notes

PAR

M. L'ABBÉ J.-B. VANEL

Chanoine honoraire de Smyrne et de Sébaste, vicaire à Saint-Germain-des-Prés

PARIS
VICTOR-HAVARD, ÉDITEUR
168, Boulevard Saint-Germain, 168

1894

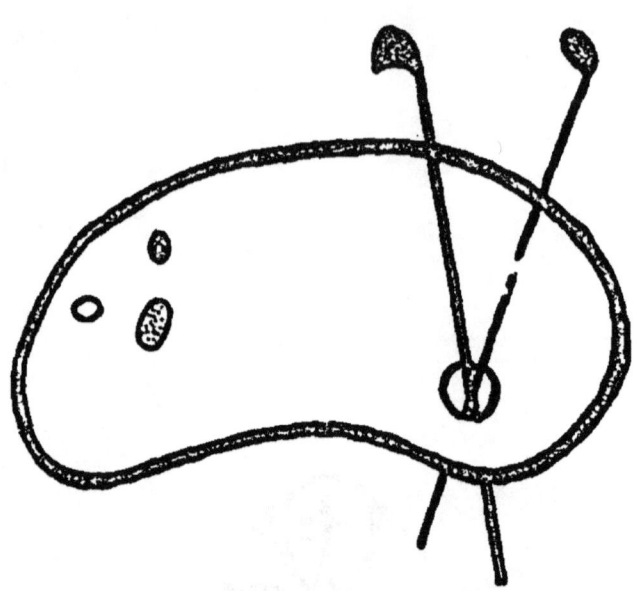

FIN D'UNE SERIE DE DOCUMENTS EN COULEUR

HISTOIRE

DE LA

Sainte Tunique d'Argenteuil

OUVRAGES DE M. L'ABBÉ VANEL

HISTOIRE DU COUVENT DES MINIMES DE LYON. — *Lyon*, Briday, éditeur, 1879.

LES DÉBUTS ORATOIRES DE MASSILLON, D'APRÈS DES DOCUMENTS INÉDITS. — *Lyon*, Mougin-Rusand, 1886.

UN CONFRÈRE DE MASSILLON AU COLLÈGE DE MONTBRISON. — *Lyon*, Mougin-Rusand, 1889.

UN FORÉZIEN DIGNE DE MÉMOIRE. — LOUIS JACQUEMIN, PRÊTRE, POÈTE ET HISTORIEN DE SAINT-GENEST-MALIFAUX. — *Lyon*, Mougin-Rusand, 1887.

UN AMI DE LA JEUNESSE OUVRIÈRE, M. l'abbé Célestin Monnier, curé de Sainte-Blandine à Lyon. — *Saint-Étienne*, imprimerie Ménard.

LE R. P. PÉTÉTOT, SECOND INSTITUTEUR DE L'ORATOIRE. — *Paris*, Gervais, 1887.

M. L'ABBÉ AUGUSTE CAUX, CURÉ DE SAINT-GERMAIN-DES-PRÉS. — *Paris*, Dumoulin, 1890.

LES BÉNÉDICTINS DE SAINT-GERMAIN-DES-PRÉS ET LES SAVANTS LYONNAIS. — *Paris*, 1894, Alphonse Picard, rue Bonaparte, 82.

SOUS PRESSE ET EN SOUSCRIPTION

Nécrologe de l'Abbaye de Saint-Germain-des-Prés, depuis l'introduction de la réforme de Saint-Maur.

HISTOIRE

DE LA

Sainte Tunique

D'ARGENTEUIL

MANUSCRIT INÉDIT D'UN BÉNÉDICTIN DE SAINT-MAUR

Publié avec une introduction biographique, un supplément et des notes

PAR

M. L'ABBÉ J.-B. VANEL

Chanoine honoraire de Smyrne et de Sébaste, vicaire à Saint-Germain-des-Prés

---

PARIS
VICTOR-HAVARD, ÉDITEUR
168, Boulevard Saint-Germain, 168
—
1894

INTRODUCTION

Pourquoi cette publication. — Un bénédictin oublié, Dom Wyard et son Histoire de la Sainte-Tunique. — Dom Gabriel Gerberon et ce qu'il doit à son confrère de St-Maur. — La critique bénédictine et l'authenticité de la vénérable relique d'Argenteuil. — La part de la légende dans la tradition et l'incontestable légitimité du culte. — Difficultés de suppléer au silence de l'histoire ; embarras plus grand à ne pas tenir compte de ses documents sérieux. — Sage opinion du plus savant des moines, Dom Mabillon.

Notre première et plus claire intention, en publiant, dans le texte original, une histoire inédite de la Sainte Tunique de Jésus-Christ, composée au xviie siècle par un moine du Prieuré d'Argenteuil, est de favoriser la pieuse curiosité des fidèles et de les confirmer dans leur dévotion en les éclairant. Ne semble-t-il pas, en effet, qu'un récit déjà vieux de plus de deux cents ans échappe par sa date même aux discussions et aux critiques soulevées par la science moderne, si rétive au merveilleux ? il est aussi moins exposé aux soupçons de partialité, entretenus par une espèce de rivalité, difficile à éviter entre deux églises en possession d'un trésor, qu'on ne souffre pas de voir dédoublé.

Nous reconnaissons sans peine l'importance et la nécessité des recherches de l'érudition, exacte à ne rien laisser perdre des moindres fragments d'une tradition dont les livres, les inscriptions des monuments et les parchemins des chartriers ont conservé d'ininterrompus témoignages; nous applaudissons volontiers aux thèses solides qui en établissent l'authenticité, qui en rendent la sincérité évidente, qui en confirment l'autorité, malgré les variations de la politique, malgré les changements dans les manifestations de la religion populaire. Personne n'apprécie plus que nous le consciencieux et intéressant *Essai critique et historique* de M. l'abbé Jacquemot, curé-doyen de Boissy-Saint-Léger; ces pages, écrites avec une conviction d'autant plus inébranlable et plus sûre qu'elle succédait au doute, ou tout au moins à d'anxieuses incertitudes, portent la lumière dans les points les plus obscurs; leur auteur a traité les textes avec une méthode aussi judicieuse et des procédés aussi rigoureux que les chimistes décomposant le tissu de la divine robe; après lui on ne contestera plus légèrement ni l'authenticité de la notice d'Hugues d'Amiens, archevêque de Rouen, ni les attestations véridiques d'une possession constante et publique depuis cette invention de l'année 1156.

Mais c'est précisément la lecture de ce livre et la polémique, quoique très courtoise, qui le remplit, qui nous ont poussé à mettre au jour le texte d'une histoire inconnue, tombée par hasard entre nos mains, dans le dépouillement que nous faisions des manuscrits de l'ancien fonds de l'abbaye de Saint-Germain-des-Prés à la Bibliothèque nationale. A côté de la discussion, placer l'exposition des faits et opposer à l'incrédulité ou aux dédains du trop grand nombre la croyance robuste et simple d'un témoin instruit, sérieux, documenté; loin d'écarter la piété dans un sujet qui cesse de pouvoir être convenablement traité sans elle, lui emprunter la vivacité de ses inspirations et s'appuyer sur les certitudes qu'elle provoque, édifier autant au moins qu'instruire, toucher en même temps que convaincre, voilà ce que nous espérons de l'œuvre vulgarisée par nos soins; voilà ce qu'aucune âme chrétienne, docile à l'esprit de l'Eglise et familière aux principes qui la guident dans son culte, ne saurait désapprouver.

Mais, dans cette publication, nous avons un second dessein et nous n'hésitons pas à la présenter comme une véritable restitution littéraire, comme la réparation d'un oubli non moins injuste que persistant et complet. Ouvrez, en effet, l'*Histoire littéraire de la Congrégation de Saint-Maur*, par Dom Tassin; prenez son *Supplément*, de M. Ulysse Robert; vous ne trouverez pas mention du nom de Dom Wyard, ni trace de ses études; des deux auteurs, M. de Gaumont et Dom Gabriel Gerberon, qui ont traité le même sujet et se sont servis de son ouvrage — la preuve est facile à établir aucun n'a songé à lui exprimer quelque signe de reconnaissance; les éditeurs de son *Histoire de l'abbaye de Saint-Vincent de Laon*, égarés par une phrase peu claire et mal comprise, ignorent absolument comment a disparu son manuscrit et croient qu'il a été livré aux imprimeurs, après lui avoir été volé. On dirait vraiment qu'une fortune ennemie s'est acharnée à lui ravir sa réputation et à le dépouiller du fruit de ses veilles. Il méritait cependant d'être traité avec moins de rigueur, et par sa biographie toute seule on jugera qu'il n'est pas équitable de lui refuser une modeste place, au milieu des célèbres religieux de Saint-Maur qui ont porté si haut la gloire de l'Eglise de France et l'honneur de l'érudition.

Dom Robert Wyard était d'Etaples, dans le Boulonnais; il naquit en 1639. Sa famille, d'après M. l'abbé Mathieu (1), appartenait à la bonne noblesse du pays; elle portait pour blason d'or au chêne de sinople, le tronc traversé par un sanglier passant de sable, les défenses et les lumières d'argent. L'éducation qu'il reçut fut très soignée et plus pieuse encore que sévèrement conduite; sa mère s'était attachée à lui inspirer pour la Vierge Marie une vénération et une confiance qu'il conserva jusqu'à son dernier jour et qu'il se plut à manifester en toute occasion. Il résolut de bonne heure de se consacrer au service de Dieu, il choisit la règle de Saint-Benoît et commença son noviciat à Saint-Remy de Reims; il y prononça ses vœux solennels le 16 septembre 1658 (2).

Le prieur de cette abbaye était alors un homme de la plus haute vertu, Dom Vincent Marsoles, destiné un jour à être supérieur général. Ses études de philosophie et de théologie achevées, son année de récollection terminée et l'ordination sacerdotale reçue, le jeune moine eut son obédience pour Argenteuil. Le prieuré de Notre-

---

(1) Préface de l'*Histoire de l'abbaye de Saint-Vincent de Laon*.

(2) Registre matriculaire de la Congrégation de Saint Maur. M. SS. Bibl. nat. Fonds latin 12794. — Dom Wyard a le numéro 1861. Mabillon avait fait profession dans la même abbaye, quatre ans auparavant.

Dame de l'Humilité fut donc sa première résidence, le premier champ ouvert à son zèle. En tenant compte des usages de la Congrégation, faute d'indications plus précises, il est permis d'assigner le cours de l'année 1664 comme date de son arrivée.

Sa charge nouvelle fut de prendre soin de la sacristie et de veiller sur le trésor. La sainte Relique excita immédiatement ses plus vifs sentiments de respect et d'adoration ; il crut trouver autour de lui les signes d'une incrédulité ou tout au moins d'un abandon dont il fut scandalisé ; il se proposa de réveiller les assoupis, de convaincre les sceptiques, de secouer les négligents, de rétablir une foi et des honneurs trop entamés par le temps. Il multiplia les sermons et les instructions, distribua des pièces de vers, composa des cantiques et se mit à écrire l'*Histoire de la Tunique Inconsutile* ; il n'épargna rien enfin pour que le culte restauré remplaçât une indifférence outrageante pour l'inestimable dépôt, qu'on avait reçu depuis tant de siècles, et en formelle contradiction avec tous les souvenirs et toutes les grâces d'un glorieux passé. Il n'est pas douteux que ses efforts et son apostolat furent bénis.

Mais, dès 1670, Dom Robert avait quitté les rives de la Seine et la garde de son cher trésor. Les supérieurs l'avaient envoyé au couvent de

Saint-Quentin-en-l'Isle ; il y passa environ trois années. Attiré par l'antiquité, poussé par le goût de plus en plus commun aux Mauristes des chartes et des cartulaires, mis en train par son premier travail, il continua de fouiller les archives et d'en recopier les parchemins poudreux ; avec celles de son monastère et des monastères environnants il parvint à rédiger à peu près toute l'histoire bénédictine de la région.

La bibliothèque municipale de la ville de Saint-Quentin possède en effet trois volumes de sa main :

1° HISTOIRE DE L'ABBAYE D'HOMBLIÈRES avec abrégé de la vie de sainte Humégonde

2° IMAGO SANCTI PRŒJECTI ANTIQUITUS AD MUROS SANQUINTINENSIS CONSTRUCTI.

3° INSULENSE SANCTI QUINTINI CŒNOBIUM, SEU HISTORIA CHRONOLOGICA CŒNOBII IN INSULA SOMENŒ CONSTRUCTI, EX CHARTIS CARTULARIISQUE EJUSDEM CŒNOBII DEPROMPTA PER Fr. ROBERTUM WYARD QUONDAM EJUSDEM CŒNOBII BENEDICTINUM (1).

Cette dernière monographie est dédiée à la Sainte-Vierge et porte la date du 14 octobre 1673. Nous y avons aussi rencontré la mention d'un quatrième ouvrage, l'Histoire de Notre-Dame de Breteuil : HISTORIA DE CŒNOBIO BRITULIENSI.

---

(1) Catalogue général des M. SS. des Bibliothèques de France. — Tome III. Saint-Quentin.

Notre bénédictin paraît donc s'établir comme l'historiographe du cloître qu'il habite et jusqu'à la fin de sa vie il ne changera pas d'habitudes, toujours compulsant, déchiffrant, copiant, sans jamais rien livrer à la presse.

Par son propre témoignage nous savons que le 21 décembre 1673, il frappait à la porte de l'abbaye de Saint-Josse, où la réforme avait été récemment introduite. La communauté ne se composait que de trois religieux ; le prieur Dom Jean Gilotin y résidait depuis quelques mois, il y avait remplacé Dom Eustache Geuffrin qui était retourné à Compiègne ; Dom François Vrayet, chargé par commission du R. P. général de lever les plans des monastères et de dessiner les bâtiments, venait de le quitter également, Dom Robert était son successeur.

Six mois lui suffirent pour terminer la lecture et la révision des pièces du chartrier et composer son sixième ouvrage. On voit en effet à la fin de la préface ces mots : anno 1674. 27 junii. Le titre est le suivant :

REGALIS IMPERIALISQUE ABBATIÆ SANCTI JUDOCI SUPRA MARE HISTORIA, COLLECTA A ROBERTO WYARD STAPULENSI MONACHO BENEDICTINO, etc. (1)

---

(1) Biblioth. nationale M. SS. Fonds latin 12889, jadis Saint-Germain des Prés, lat. 502.
Une main s'est appliquée à effacer le nom de l'auteur et

C'est de nouveau à la bienheureuse Mère de Dieu « Ad beatissimam Deiparam » que l'annaliste consacre le fruit de sa studieuse application ; il lui rappelle ce qu'il a déjà fait : « *Regina sæculorum, Regis Mater, jamdudum laboris mei fœtus ac proles chronologias Brithuliensem et Insulensem Sancti Quintini, nec non* DE TUNICA INCONSUTILI DOMINI MEI JESU CHRISTI LIBELLUM, *vestræ obtuli Majestati.* »

De la tranquille et agréable maison de Saint-Josse sur Mer, voisine de son pays natal, le R. P. Wyard passa vers 1680 à la riche abbaye de Saint-Vincent de Laon ; mais il paraît changer de lieu sans changer d'occupation ; nous le rencontrons toujours la plume à la main, infatigable chercheur, avide et empressé de recueillir les moindres débris de l'antiquité. Son nouveau séjour nous vaut une nouvelle œuvre :

HISTOIRE DE L'ABBAYE DE SAINT-VINCENT DE LAON.(2)

Nous n'avons plus rien découvert, à partir de ce moment, sur notre laborieux fils de St-Benoît que la date de sa mort. Il acheva sa carrière pleine

---

à lui substituer en surcharge celui d'un prêtre chanoine comte de Boulogne, qu'il nous a été impossible de déchiffrer : la date de 1696 a été également ajoutée.

(2) Cette histoire a été publiée et continuée par les abbés Cardon et Matthieu. S. Quentin 1858 1 vol. in-8 avec plans et figures.

de mérites et d'humilité, le 23 mai 1714 au monastère de Saint-Valéry-sur-Mer; modeste religieux, il était demeuré sous le joug de l'obéissance sans jamais ambitionner ni recevoir aucune dignité; érudit écrivain, critique non sans quelque sagacité, patient annaliste, il n'avait point joui des applaudissements du public, il ne laissait qu'a ses frères le devoir, en priant pour lui, de ne point oublier sa mémoire pure et honorée.

Ces courtes notes bibliographiques épuisées, il convient de nous arrêter un peu plus longuement sur le manuscrit de la Tunique Inconsutile, d'en examiner l'authenticité et la valeur, d'en discuter les sources, d'en suivre les vicissitudes. Dans le cours de ces recherches l'occasion se présentera d'elle-même d'apprécier avec quelle réserve et quelle sagesse la savante critique des Bénédictins s'efforçait de s'exercer et combien leur esprit répugnait à rompre avec les traditions respectables, même quand les monuments en avaient disparu.

L'œuvre de Dom Robert Wyard se résume en quelques lignes: d'après sa narration, dégagée de toutes les circonstances accessoires, la Tunique de Notre-Seigneur, tirée au sort sur le Calvaire, fut vendue à Pilate, rachetée par les disciples et longtemps cachée à Jaffa. Découverte miraculeusement, on la transporta successivement à Jérusalem et à Galata; l'impératrice Irène l'offrit à

Charlemagne et le grand empereur en fit don à sa fille Théodrade, abbesse d'Argenteuil. Elle disparut pendant les invasions normandes ; mais un ange en révéla la cachette, et Hugues, archevêque de Rouen, en 1156, en fit la solennelle ostension. Elle n'a pas cessé dès lors d'être l'objet des plus respectueux hommages et la cause de bienfaits extraordinaires et de merveilleuses guérisons.

Pour établir et enchaîner tout ce qu'il avance, notre auteur s'appuie sur des textes parfaitement connus : le 23° et le 24° versets du dix-neuvième chapitre de St Jean, deux passages de Grégoire de Tours et de Frédégaire, la charte ou notice d'Hugues d'Amiens, cinq lignes d'un chroniqueur du douzième siècle, Robert de Thorigny, abbé du Mont-Saint-Michel et la prose de la messe de la sainte Tunique. Telles sont les sources authentiques de son histoire et il faut avouer qu'après lui absolument rien de nouveau n'a été produit : les écrivains postérieurs ont repris ce qu'il avait le premier mis en ordre : ils se sont contentés de l'abréger ou de le rajeunir.

Les deux que nous avons déjà nommés plus haut, M. de Gaumont et Dom Gerberon n'ont travaillé que d'après lui, ou plutôt son manuscrit sous les yeux. Il eut été décent de leur part de ne pas le taire.

La première édition de la dissertation de M. de Gaumont, seigneur de Chevannes, parut tout à fait au commencement de l'année 1671. (1). Ce prêtre, habitant d'Argenteuil, jouissait d'une réelle réputation de vertu ; mais en dépit des louanges des docteurs de Sorbonne qui en signèrent l'approbation, le 6 septembre et le 24 décembre 1670, son opuscule est dépourvu de toutes les qualités d'ordre et de style qui devraient le recommander ; il n'est propre, comme s'exprime un critique peut-être trop dur, qu'à lasser la patience des honnêtes gens. Il eut été beaucoup plus raisonnable d'imprimer le texte de Dom Wyard que de le mutiler d'aussi pitoyable façon. C'est évidemment de ce larcin dissimulé dont il se plaint, dans la préface de l'Histoire de l'Isle, lorsqu'il prend à témoin la Sainte Vierge, à laquelle il s'adresse et se voue, que son livre de la Tunique Inconsutile a vu la lumière sous un autre nom et réclame humblement le prix de ses peines qu'on lui a dérobé. (2)

---

(1) *Dissertation sur la Sainte Tunique de Notre-Seigneur Jésus-Christ qui est conservée dans le prieuré d'Argenteuil par M. Gabriel de Gaumont, prêtre, Seigneur de Chevannes.* Seconde édition revue et corrigée chez Florentin Lambert MDCLXVII. Nous n'avons pu rencontrer que cette seconde édition. — La date est évidemment fautive, il faut lire 1677.

(2) Voici les termes mêmes du religieux : « Tanta devotione hunc tibi offero ac obtuli libellum *De Tunica Inconsutili Domini mei Jesu Christi*, quam feceras in tantulo tuo

Il aurait pu avec quelque atténuation exprimer de semblables regrets au sujet de *l'Histoire de la Robe sans couture* de Dom Gerberon. (1)

Le mot de plagiat serait trop fort, car l'œuvre primitive a été remaniée et refondue ; le style retouché est plus ferme et plus sobre ; certaines longueurs ont été supprimées ; des discussions superflues écartées, le nombre des chapitres est diminué ; néanmoins le rapprochement des deux textes dévoilera, n'importe à quelle page, pour un lecteur attentif et sans parti pris, tout ce dont le fameux janséniste est redevable à son prédécesseur, à peu près l'unique guide qu'il ait consulté et suivi. (2)

Filio, a me editum, ut mihi testis, est alterius nomine fuerit in lucen propalatus et typis mandatus, anno circiter 1670. Quem etsi mihi ablatum serves velim, dum tamen in eo nihil mali dogmatis admixtum sit, quod recuso.

(1) Nous avons une preuve matérielle certaine que le manuscrit de Dom Wyard a été lu par Dom Gerberon à l'endroit en effet ou dans la description du Vêtement, l'un avait dit qu'il était composé moitié laine et moitié poil de chèvre, l'autre a rectifié à la marge et mis : elle n'est que de laine sans poil de chèvre.

(2) Cette histoire de la Robe d'Argenteuil a eu un vrai succès de librairie, on en compte, si je ne me trompe, au moins huit éditions ; les aventures de l'auteur ne suspendirent point la vente.

La 1re édition est d'Hélie Josset, achevée d'imprimer le 8 janvier 1677 ; dédiée à la duchesse de Guise, avec le nom de l'auteur ;

La 2me est de 1686, revue, corrigée et augmentée ; elle ne porte plus le nom de l'auteur ; la 3me est de 1703 ; la 4me de Beauvais chez Michel Courtois 1703 ; la 5me de

Ce qui est assez piquant, c'est le débat qui s'éleva soudain entre les deux panégyristes du vêtement sacré ; il s'agissait de deux ou trois points de détail, malaisés à préciser, sur lesquels ils ne s'étaient pas mis d'accord. Celui-là voyait l'église des Saints Archanges dans un ancien temple de Vesta, dont il est question au chapitre deux du livre II de Sozomème et que Constantin consacra au vrai Dieu : celui-ci n'acceptait pas cette identification et trouvait encore très hasardé de prétendre que la divine robe avait été enfermée à Jérusalem dans un même reliquaire avec la vraie Croix. L'opinion était en effet assez singulière : mais souvent on tient d'autant plus à son avis que les autres le jugent moins raisonnable ; M' de Gaumont défendit le sien avec chaleur et fit à ce sujet une seconde édition de sa *Dissertation* ; Dom Gerberon de son côté ne resta pas sans répondre. Nous avons trouvé dans l'exemplaire de la *Dissertation* de la Bibliothèque nationale, *ex dono auctoris* et provenant des Augustins déchaussés (1), une correspondance dont on nous

---

1731 chez Samson à l'image de St Maur ; la 6ᵐᵉ à Paris chez Thiboust 1746 ; la 7ᵐᵉ revue et corrigée chez Gueffier rue de la Harpe 1768 ; la 8ᵐᵉ 1838, chez Germain Mathiot, porte le titre de 4ᵐᵉ ; c'est une réimpression de la troisième de 1703. En 1706 un abrégé de trente-six pages vendu chez Delespine rue St Jacques ; le même en 1746 chez Thiboust et en 1768 chez Gueffier.

(1) Nous ne serions pas surpris que cet exemplaire

permettra de prendre quelques fragments ; ils nous apprennent à quel ton aigü était montée la polémique.

« Les lois de l'amitié et de la charité chrétienne, écrit à Dom Gerberon un correspondant anonyme, m'obligent de vous donner avis qu'il parait en ce moment une dissertation sur la sainte Tunique de Notre-Seigneur, où le S' de Gaumont, que je ne connais point, a entrepris de réfuter beaucoup d'endroits de l'histoire que vous avez offert au public, quoiqu'il convienne avec vous que cette sainte relique est à Argenteuil et c'est plutôt à vous qu'il en veut qu'à la vérité de cette précieuse relique.

« Vous avez parlé de lui avec tant de modestie que lorsque vous n'entrez pas dans son sentiment touchant quelques circonstances qui ne sont nullement considérables, vous en donnez la raison avec toute l'honnêteté possible, on ne comprend donc pas qu'il vous traite comme son plus grand adversaire, si ce n'est qu'il se soit fâché de ce que votre ouvrage obscurcissait le sien, ou que par une humilité assez bizarre il se soit offensé de la manière obligeante dont vous avez parlé de lui et c'est en cela qu'il s'est fait à lui-même quelque

(L K' 396) soit une épave de la Maison des Augustins d'Argenteuil; ce qui expliquerait l'addition manuscrite dont nous parlons.

justice, car de bonne foi ceux qui le connaissent ne pouvaient goûter que vous témoignassiez tant d'estime pour un auteur qui n'a jamais su ni bien penser ni bien écrire.

« La manière dont il entreprend de vous réfuter en est une preuve bien sensible : on ne sait souvent ce qu'il veut dire et autant qu'on le peut entendre, il n'y a point de raison en tout ce qu'il dit contre vous. »

La lettre continue par une discussion très serrée des opinions incriminées et se termine par les réflexions suivantes :

« Voilà, mon Révérend Père, ce que l'amitié que je vous dois m'a fait remarquer dans cette dissertation qui est très mal conçue et qui n'est propre qu'à lasser la patience des honnêtes gens. Vos amis ne croient pas qu'elle mérite que vous vous donniez la peine d'y répondre et un de ceux à qui l'on en a fait présent disait dernièrement en bonne compagnie qu'il avait vu cette pièce, mais que c'était si peu de chose qu'elle ne valait pas la peine que vous vous scandalisassiez. »

Le religieux envoya à cet ami, dont la complaisance n'est pas exempte de partialité, une réponse dictée par la modération même :

Monsieur,

« Je vous suis infiniment obligé de l'avis que

vous me donnez et des remarques que vous avez faites sur la nouvelle dissertation de M. de Gaumont. Il nous avait fait déjà la grâce de nous l'envoyer et je vous confesse que nous avions un peu été surpris de ce qu'il s'est fait un point d'honneur d'écrire contre mon *Histoire de la Sainte-Robe de Notre-Seigneur*. On dit qu'il s'est offensé de ce que j'ai travaillé sur un sujet qu'il pensait avoir épuisé, mais je puis vous protester que je ne l'ai entrepris qu'après qu'on lui en a parlé et qu'il en a témoigné de la joie. D'ailleurs, il fait profession d'une si haute piété que je n'oserais entrer dans ce sentiment. J'aime mieux croire qu'il ne s'est étudié à me réfuter que par un zèle qu'il a eu de soutenir ce qu'il avait avancé. Cela ne se doit-il pas pardonner à un auteur ? Si vous le connaissiez, vous l'auriez davantage épargné.

« J'estime donc qu'on le doit traiter plus doucement et suivant l'avis de ceux qui en jugent le mieux avec vous. Je ne crois pas que je doive lui répliquer. Les remarques que vous avez faites sur ce qu'il dit contre moi en sont une plus que suffisante réfutation. Je m'en tiens là et suis votre très obligé serviteur. »

Cette lettre a été dictée par un esprit exempt de passion ; une telle possession de soi-même est d'un sage, d'un homme loyal, sûr des idées qu'il propage et des faits qu'il avance.

On a pensé cependant jeter quelque discrédit sur l'insigne trésor d'Argenteuil, en diminuant l'autorité du moine qui s'en était constitué l'historien, en rendant suspecte sa véracité par le souvenir des entêtements hétérodoxes et des bizarres aventures qui lui ont valu une place de choix dans le martyrologe janséniste. Procédé d'avocat, inspiré par une partialité mauvaise conseillère : les textes sont indépendants de la plume qui les cite et la vérité a une évidence et des arguments supérieurs à la moralité de ses apologistes.

Quoiqu'il en soit, le petit volume que nous tirons aujourd'hui de son obscurité répond à cette objection des adversaires d'outre-Rhin ; Dom Wyard, qui n'a pas été compromis avec Quesnel et qui n'a pas goûté les douceurs du donjon de Vincennes, pour se punir d'avoir trop vanté les *Réflexions morales*, avait, dix ans auparavant Gerberon, collationné les mêmes témoignages ; il en avait estimé et établi la valeur et la sincérité.

Aperçoit-on du reste facilement, pour le dire en passant, quelle influence les opinions théologiques du Père Gerberon aurait eue sur son jugement et sur ses réflexions à propos de la réalité et de la nature d'un vêtement qu'il avait vu de ses yeux et maintes fois touché ?

Plusieurs indices confirmeraient au contraire, si elle n'était pas apparente, la droiture du sentiment pieux qui le détermina à écrire et les soucis qu'il s'imposa, afin de s'entourer des renseignements les plus complets et les plus accrédités. Il suivit en cette occasion des règles qui se pratiquaient autour de lui, dont il s'était lui-même servi et qui de plus en plus étaient en honneur et en usage dans sa congrégation. En revendiquant dans son ouvrage, pour un de ses collègues trop passé sous silence, une part de collaboration au moins préparatoire, il nous paraîtrait presque toucher à l'inconvenance que de lui retrancher du même coup toute espèce de mérite ; nous nous reprocherions surtout de n'excuser sa crédulité que pour laisser planer sur lui quelques soupçons de mauvaise foi.

Il composa son livre dans des conditions d'esprit et de solitude qui facilitaient sa tâche et son examen ; durant les trois années qu'il séjourna au prieuré, de 1672 à 1675, entre St-Germain-des-Prés et Corbie, il eut le loisir d'étudier de près les monuments des traditions séculaires et de constater par des observations réitérées les grâces qui s'échappaient de la châsse miraculeuse, comme jadis une vertu était sortie de la frange du manteau du Christ et avait guéri la femme recourbée. Il s'instruisit auprès des habitants du bourg les plus âgés, il enquêta auprès des lettrés et des savants, enregistrant les avis, dissipant les doutes, poussant le plus loin possible les éclaircissements et la discussion. Une Lettre curieuse subsiste encore comme preuve de ces démarches et du zèle que notre auteur a déployé pour appeler de plus en plus la lumière sur les parties obscures de son récit ; elle tient trop à notre sujet, nous n'hésitons pas à la reproduire.

Marolles, abbé de Villeloin, qui envoie cette réponse, était l'éditeur et l'annotateur d'une traduction de Grégoire de Tours, préparée par Claude Bonnet : il jouissait parmi les gens de lettres d'une notoriété qui a beaucoup diminué depuis ; son talent s'était exercé sur les sujets les plus variés, tour à tour moraliste, critique d'art, archéologue, grammairien même, il dépensa beaucoup d'encre et de veilles sans rencontrer l'occasion d'une œuvre de marque. Il ne dissimule pas à son correspondant le peu de fondement qu'il fait de la tradition d'Argenteuil ; il n'essaie même pas de la battre en brèche ; elle est à ses yeux sans importance et la religion peut aisément s'en passer. Un tel langage se retrouve encore sur les lèvres de tous les sceptiques, avec la raillerie en plus ; l'incrédulité n'a en effet rien inventé de plus fort, seulement elle supprime le respect. On comprend que le moine de Notre-Dame de l'Humilité n'ait pas été trop ému de cette fin de non-recevoir, pleine de candeur et de franchise ; mais il n'était pas inutile de le signaler, puique le nom de Mabillon, grâce à elle, se trouve versé au débat. Qu'on juge à présent de la logique de l'ecclésiastique trop prêt à faire de son ignorance, comme dit Montaigne, le plus mol des oreillers.

à Paris, 24 juillet 1676.

Mon Révérend Père,

J'ai longtemps différé à faire réponse à la vôtre du quatorze de ce mois, laquelle me fut rendue par le Rév. Père Dom Jean Mabillon au sujet de votre relique de la robe de Notre-Seigneur que l'on dit à Paris, qui est gardée dans votre monastère d'Argenteuil. On le dit assurément, le peuple en parle de la sorte ; mais plus souvent le peuple ne sait ce qu'il dit et se rapporte toujours très volontiers à la tradition de ces choses, là et partout, quand elle est soutenue par les prêtres et par des personnes religieuses, bien qu'ils puissent chercher la gloire de leurs églises ou quelque autre sorte d'intérêt.

Je ne sais rien de particulier touchant cette robe, sinon ce qu'a dit St-Jean (c. 19 v. 24). St-Grégoire de Tours qui a parlé sur le même sujet dans le huitième chapitre du premier livre de sa Gloire des Martyrs n'en dit rien davantage, sinon qu'il croit d'avoir ouï dire qu'elle est gardée dans la ville de Galatha en une église que l'on nomme les Sts-Archanges ; cette ville à 150 milles de Constantinople etc. Si cela est vrai de ce que vous avez sur cette relique à Argenteuil, je vous loue bien assurément ; cette robe doit avoir été apportée de Galatha, depuis Grégoire de Tours qui est mort sur la fin du sixième siècle. Mais qui a parlé de cette translation pour le prieuré d'Argenteuil ou pour quelque autre lieu que ce soit? cela m'est inconnu et je ne pense pas aussi que vous en puissiez rien savoir par quelque autorité, à laquelle on dut ajouter beaucoup de foi. Dieu n'a pas permis qu'il y eut beaucoup de révélations de ces sortes de choses-là, des quelles aussi l'on se peut fort aisément passer. Et certes qu'en viendrait-il à la piété chrétienne, qu'une fausse superstition qui n'a pas toujours ce qu'elle veut et qui ne sert presque jamais de rien ? l'Eglise n'a pas laissé d'être florissante sans qu'on eut même connaissance de la croix de Notre-Seigneur et des clous avec lesquels son corps y fut attaché. Ce n'est pas que quand on en est assuré, comme cela n'est presque jamais, il n'y eut une sainte joie de les garder soigneusement en quelque lieu : mais comme je l'ai déjà dit, on s'en peut passer. Cependant je serais bien aise de savoir, si avec le reliquaire que vous avez à Argenteuil, vous y avez vu véritablement la relique de la quelle vous parlez et si cette relique est entière, comme on le dit au peuple, ou si ce n'est qu'un morceau de cette robe sans couture. La prévention en ces choses là est une étrange séductrice. Quoi qu'il en soit, l'ayant vue par des yeux aussi éclairés que les vôtres, vous nous direz peut-être quelque jour ce qui en est. Mais depuis le temps la matière d'une telle robe ne peut s'être conservée jusqu'ici dans sa fermeté et dans son intégrité sans un grand miracle. Vous nous direz peut-être aussi par la dévotion de qui cette robe précieuse fut apportée de Galatha, si même la tradition de l'Église de Galatha par après était bien assurée, dont Grégoire de Tours ne savait rien ; mais il savait bien au moins n'en avoir rien appris de la tradition de l'église de Paris de son temps. Je ne sais que vous dire de toutes ces choses ; donnez-moi toujours quelque part en votre amitié et soyez persuadé de l'estime particulière qu'il faut faire de votre vertu et de votre érudition. Je suis etc.

l'Abbé de Villeloin. (1)

(1) MSS. de la Bib. nat. Fonds Franc. 17680. Nous avons trouvé une autre lettre de l'abbé de Villeloin à Mabillon, datée du 25 janvier 1674, mais étrangère à notre sujet. F. F. 17598.
Nous avons également parcouru avec soin la correspondance inédite de Dom Gerberon dans le volume du Fonds Français 20053 qui lui appartient et dans les autres recueils de divers bénédictins.
Rien de relatif à Argenteuil et à la Sainte Tunique

Ces doutes mélangés, comme on le voit, d'une philosophie dédaigneuse et d'une piété désaffectionnée des choses sensibles, ont-ils cédé à l'évidence des témoignages que Dom Robert Wyard avait receuillis le premier, repris ensuite par le Père Gerberon et présentés au public par son initiative ? Nous l'ignorons complètement ; mais

ne nous est tombé sous les yeux. Le 20653 est tout entier rempli de lettres concernant l'édition des œuvres de St Anselme, les recherches faites des manuscrits, les recensions et collations de texte, etc. Il y en a une entre autres écrite d'Argenteuil, par le prieur du monastère ; la voici à titre de pure curiosité :

A Dom Claude Martin.

De Notre-Dame d'Argenteuil.
le 2ᵉ Mars 1672.

Je renvoie à votre Révérence les manuscrits de St-Anselme qu'elle nous avait envoyés, étant bien fâché de n'avoir pu collationner tous les traités, faute d'aide et aussi à cause que ces manuscrits sont ordinairement fautifs, n'ayant presque pas deux lignes à chaque page des traités qui restent à collationner qui ne soient exemptes de fautes. Dom Gabriel Gerberon m'en avait promis d'autres que j'ai toujours attendus jusqu'à présent. Si votre Révérence agrée que nous continuions ce travail, je la supplie très-humblement d'avoir la bonté de faire avertir le dit Père de nous envoyer au plus tôt ses manuscrits et nous ne manquerons, le père sous-prieur, à présent qu'il se porte mieux, et moi de continuer d'y travailler.

Je voudrais avoir des occasions plus considérables pour témoigner à votre Révérence avec combien de respect et d'inclination, je lui suis et veux être toute ma vie etc.

fr. Jean Astor de Géranton.

Dom Astor de Géranton fut prieur d'Argenteuil de 1669 à 1675, de là il exerça la supériorité à Chaumont, à Pontoise, à Meulant et revint alors, pendant trois nouvelles années, de 1696 à 1699, à la tête des moines de l'Humilité.

Le sous-prieur dont il parle fut celui-là même que Dom Gerberon vint remplacer au mois de juin.

l'abbé de Villeloin a eu des imitateurs ; ses objections sont ressassées tous les jours ; nous les avons entendues dans cent conversations et plus. Le moment est donc venu de soumettre à un examen impartial la valeur des pièces dont les historiens de la Tunique sans couture ont usé et de nous demander, si nous sommes en présence d'une mystique fable, créée par des imaginations éprises de merveilleux, ou si le Vêtement du Sauveur, arraché de ses épaules ensanglantées sur le Calvaire, a été transféré et est encore conservé sur les bords de la Seine.

Notre opinion n'a par elle-même aucun poids ; elle n'est ni celle d'un théologien, ni celle d'un savant ; nous la présentons en observateur de bonne foi, avec une entière liberté, dégagé de préjugés, respectueux toutefois de ce que l'Eglise, sans en appeler à l'infaillibilité qui décide des dogmes, approuve par sa liturgie et ses pratiques, consacre par les imposantes manifestations qu'elle tolère et encourage ou plutôt qu'elle provoque elle-même. J'accepte son jugement avec une docilité sans réserve ; ce qu'elle a décidé ma raison le tient pour beaucoup plus certain que les réticences plus ou moins voilées d'une science, scrupuleuse à l'excès, à laquelle s'appliquerait en plus d'une rencontre le mot de l'Evangile, à propos de la paille dont on se plaint pour l'œil du voisin, quand on oublie de voir la poutre qui crève le sien. On m'excusera néanmoins d'avouer qu'à s'en tenir exclusivement aux règles rigoureuses de la critique, à repousser comme fausse, ou du moins improbable, toute affirmation qui n'est pas appuyée sur un document d'authenticité incontestable, à n'accorder de valeur aux traditions que pièces à l'appui, les seuls témoignages, les seuls textes que nous possédons, ne paraissent pas suffisants ; ils n'établissent pas avec toute l'évidence, dont les faits du passé sont susceptibles, que la Tunique, vénérée dans Argenteuil, soit celle qui ait appartenu à Jésus-Christ, teinte de son sang et tirée au sort par ses bourreaux. D'autres considérations seront légitimement invoquées pour déterminer et soutenir la foi des pèlerins ; la révélation divine, les miracles accomplis, les conversions opérées, les guérisons obtenues sont comme *le visa* de la Providence, qui refuserait d'associer sa puissance infinie à une erreur dégénérant en superstition. Mais en se soumettant à la précision des méthodes exactes et à leurs principes inflexibles, la thèse a des faiblesses déconcertantes. Des témoignages et des textes en effet, les uns manquent de clarté, d'autres encore laissent deviner un caractère légendaire où le douteux est naïvement étalé. Mais surtout leur rareté étonne et ils se produisent à des intervalles tellement éloignés, qu'il est nécessaire d'une adresse peu commune, pour reconstruire dans sa continuité et d'un bout à l'autre une chaîne dont on possède si peu d'anneaux soudés ensemble.

M. l'abbé Jacquemot, avec une compétence et un zèle qu'il nous plaît de relever, dans un ouvrage récent et très favorablement accueilli par l'opinion et par Mgr l'évêque de Versailles, a choisi comme point central de sa thèse la notice d'Hugues d'Amiens ; à son avis elle contient le récit véridique de la découverte et de la solennelle ostension de la Sainte Robe. Les objections soulevées au xviie siècle, comme celles avancées d'hier, ne sont ni sérieuses, ni d'importance, elles ne tiennent pas devant le parchemin qui porte sa date dans la rédaction, comme dans les caractères de l'écriture. Nous acceptons sa conclusion avec d'insignifiantes réserves exprimées plus loin [1]. Il nomme cette *Charta Hugonis* la pierre angulaire de la tradition d'Argenteuil, c'est une pierre d'angle en effet, mais posée au troisième ou au quatrième étage de l'édifice.

Car de cette époque, du début de la seconde moitié du douzième siècle, pour avoir sur le vêtement divin une trace, une mention si peu précise soit-elle, on est forcé de remonter jusqu'à

---

[1] *La Tunique sans couture de N. S. Jésus-Christ ; Essai critique et historique par l'abbé A. Jacquemot curé-doyen de Boissy Saint-Léger.* — Société de Saint-Augustin, Lille-Paris, 1894.

Frédégaire et à Grégoire de Tours, c'est-à-dire de franchir une période d'au moins cinq cent cinquante ans. Le saut est trop grand pour ne pas donner un peu de vertige.

Et comment cet espace de six siècles a-t-il été comblé ? Il était aussi urgent de l'essayer qu'imprudent de n'y pas réussir. Charlemagne s'est offert avec la grandeur de son nom, l'auréole de sa sainteté, la mémoire de ses libéralités vis-à-vis des églises et des évêques; son avant-dernière fille, Théodrade avait pris le voile et avait résidé à l'Humilité de Notre-Dame; données excellentes autant que solides; elles appelaient comme d'elles-mêmes les embellissements dont on se proposait de les orner, Très-vraisemblable cette invention le paraît trop. oserions-nous dire, pour être vraie ; elle a contre elle, avec le silence universel des contemporains du grand Empereur, l'ignorance, qui se prolongea assez longtemps, tout aussi inexplicable que la précédente, des moines et des assistants de la translation présidée par l'archevêque de Rouen; l'histoire sérieuse se prête mal à l'adaptation et quand on l'étudie de près, le procédé de l'aventureux faussaire n'est plus assez déguisé.

Il est indispensable d'étayer cette opinion sur quelques preuves.

Une des premières et des plus décisives à alléguer est le silence commun à tous les chroniqueurs, si nombreux au neuvième siècle, sur un évènement qui n'auroit pas dû passer inaperçu. Pas un n'en dit mot et n'y fait la plus lointaine allusion. Mais s'ils ne l'ont pas connu, c'est évidemdemment qu'il n'a eu qu'un très faible retentissement, il est resté sans écho dans le royaume ; ce qui est contraire à la légende et en opposition avec les mœurs d'une époque et d'une cour dont on loue perpétuellement l'enthousiasme pour les souvenirs de la Passion du Messie et les dons venus de Palestine. L'ont-ils appris ? Comment interpréter alors leur mutisme ? Pourquoi cette abstention universelle et comme concertée ? Ces questions évidemment embarrassent et les réponses qu'on leur oppose souffrent toujours quelque ambiguité. Un habile plaideur n'est jamais à court d'argument, mais ils valent ce qu'ils peuvent.

D'autres lacunes que celle des contemporains de Charlemagne arrêtent encore la raison et la jettent dans une incertitude plus lente à dissiper que la précédente. Hugues d'Amiens, le prélat qui préside l'ostension, Ansoldus prieur du monastère, Robert du Mont Saint-Michel, le premier des Chroniqueurs qui relatent la cérémonie magnifique, tous ceux qui le suivent, jusqu'au commencement du XVe siècle, sont sur ce point d'une réserve et d'une discrétion tellement inexplicables que logiquement on est poussé à les mettre sur le compte d'une absence d'informations.

La légende n'était pas formée ; on n'avait pas éprouvé le besoin d'enrichir l'œuvre, tissée par le fuseau de la Mère de Dieu et maculée du sang divin, d'un titre nouveau et d'un surcroît de noblesse, en rattachant à l'invincible et immortel Charles le bienfait et l'honneur de sa possession.

La prose de la Messe de la Sainte Tunique, imprimée dans de vieux missels de Paris et de Chartres et que Dom Wyard avait lue dans un autre missel manuscrit probablement du XVe siècle, conservé dans le couvent (1), saisit et fixe ces bruits fabuleux ; des traditions locales les avaient peu à peu groupés et grossis ; ils étaient comme flottants sous les arceaux du cloître et autour de la châsse dorée ; cependant dans le lyrisme des strophes ils ne dépouillent point ce je ne sais quoi d'indéterminé et de vague, cachet commun à tous ces chants de poésie monacale.

Les immuables affirmations de l'histoire supportent mal ces arrangements successifs de libres fictions ; leur cadre n'est pas assez flexible pour les recevoir, assez solide pour les contenir.

Contentons-nous par exemple, de peur d'épuiser l'attention, de considérer la date prise pour

(1) Voir le texte de la prose et de la messe entière au Chap. XXXV.

la translation. Les circonstances en sont purement imaginaires ; mais ne prenons que le chiffre de l'année 800, communément accepté. Charlemagne, se dispose à partir pour Rome, où se préparent déjà et se célébreront avec tant d'éclat et de pompe les solennités du couronnement, où le Pape Léon III proclamera le fils de Pépin, le second des Carlovingiens, Empereur d'Occident. Mais à cette époque il nous paraît à peu près impossible que Théodrade ait déjà fait sa profession religieuse, surtout qu'elle soit à la tête de l'abbaye qu'on lui donne à gouverner. Elle n'est qu'une adolescente, touchant à peine à sa seizième année ; Fastrade sa mère avait été épousée sur la fin de l'année 783. On verra plus tard les crosses abbatiales remises entre des mains plus inexpérimentées que celles-ci ; mais un tel abus n'existait pas encore et la législation canonique n'aurait pas souffert une semblable violation. D'autres faits sont plus concluants encore.

Un poème, dont la composition ne saurait être placée avant les premiers mois du neuvième siècle, puisqu'il a pour sujet l'entrevue du roi et du Souverain Pontife à Paderborn, nous présente une peinture animée de la cour, des plaisirs auxquels elle se livrait, de son luxe, de ses fêtes et de ses chasses. Théodrade s'y montre non moins brillante que ses sœurs aînées, Bertrade, Rothrude et la blanche Gisèle, mêlée à tous leurs divertissements ; elle nous apparait, comme elles, ornée d'étincelantes pierreries et ardente à courir le cerf ou à poursuivre le sanglier ; de son front descend une chevelure dont l'or envierait le fauve éclat ; des émeraudes entourent son cou ; sa robe et son manteau sont semés de perles ; elle se plait à chausser le cothurne de Sophocle ; autour d'elle elle entraîne un bataillon pressé de jeunes vierges et un long cortège de riches dignitaires ; elle monte un cheval blanc à la fougueuse allure : la voilà prête à s'élancer hors du palais et à s'enfoncer dans les bois.

> Interea ingreditur vultu Theodrada corusco,
> Fronte venusta, nitens et cedit crinibus aurum,
> Pulcra peregrinis conlucent colla smaragdis ;
> Res, manus, ora, genæ, cervix radiata nitescit,
> Clara serenatis fulgescunt lumina flammis,
> Pallia permixtis lucent hyacinthina talpis
> Clara Sophocleoque ornatur virgo cothurno,
> Turba puellarum circumstrepit agmine denso
> Atque venusta cohors Procerum nitet agmine longo
> Et sedet in niveo pulcherrima virgo caballo :
> Acri fertur equo Caroli pia filia Regis,
> In nemus ire parat sacrata Palatia linquens. (1)

---

(1) *Poema de Carolo Magno et Leonis Papæ ad eumdem adventu.* Recueil des Histor. de France. T. v. p. 392.
Dom Bouquet, par une note, fait remarquer combien la

Ces bruyants amusements disposent peu à la retraite et ne mènent pas directement aux austérités et à la solitude du cloître. La vocation dut donc mûrir quelque temps encore, si elle était déjà née, dans un esprit trop peu détaché du siècle et de ses entraînements.

Théodrade, qui ne s'était pas encore consacrée à Jésus-Christ, au commencement de l'année séculaire 800, ne le fit pas davantage dans le cours des deux suivantes.

Au mois de juin elle se trouvait à la mort et aux funérailles de Luitgarde, la douce et généreuse femme qui avait remplacé sa mère dans le lit du roi et s'était chargée avec une sollicitude inépuisable de son éducation. Pendant ses sept années de règne elle avait conquis les plus populaires sympathies par sa beauté et sa douceur, quand elle s'éteignit à Tours encore dans la fleur de sa jeunesse et de ses charmes, pleurée de tous ceux qui l'avaient approchée. Après l'avoir ensevelie dans la basilique de Saint Martin, Charlemagne prit le chemin de Rome ; sa fille était à ses côtés, elle assista aux fêtes splendides de Noël et du couronnement et rentra en France avec

préoccupation de trouver partout des arguments, en faveur de thèses qui sont chères, est capable de séduire les esprits les moins susceptibles d'erreur ; il relève l'espèce de contresens commis ici par Mabillon qui voit dans le dernier vers une allusion à la solitude monastique et à la fuite dans le cloître. Mabillon *Annales. Bened.* T. II, lib. 26.

ses sœurs, dans le courant de Mai 801, pour remonter vers la résidence d'Aix-la-Chapelle et continuer à remplir tous les devoirs domestiques et familiers, convenables à son sexe et à sa condition, dont elle s'acquittait selon l'évêque d'Orléans, Théodulphe, avec autant de grâce que d'exactitude. (1)

A quelle date alors conviendrait-il de fixer l'entrée dans le monastère de la pieuse princesse ? Peut-être en cherchant à détruire une hypothèse que la jeunesse de Théodrade rend improbable à nos yeux, tomberons-nous dans l'exagération contraire et repousserons-nous beaucoup trop loin une décision qui devance ordinairement les perplexités et les froideurs de l'âge mûr ; néanmoins si cette opinion ne doit pas soulever trop de violentes objections, nous serions tenté de croire que pendant toute la durée de la vie de Charlemagne, l'abbesse, sa fille, ne fit que de très-rares et très-courtes apparitions dans sa communauté, si même elle y séjourna quelquefois.

Charlemagne fut, comme plus tard un de ses derniers descendants, riche en postérité féminine, mais de même aussi que Louis XV, doué pour ses enfants d'une affection pleine de tendresse, mais mélangée de quelque égoïsme, il ne consentit

---

(1) *Theodulfi Aurelian. Episc. Carmina* IV ad Carolum regem. T. V. *Recueil des Historiens de France.*

jamais à s'en séparer et à les marier : son chagrin de les voir s'éloigner eut été au-dessus de ses forces ; il les désirait perpétuellement à ses côtés : elles l'accompagnaient partout dans ses déplacements et dans ses plus lointains voyages, il se plaisait à leur conversation, il s'intéressait à leurs travaux, il se reposait dans leur société. Il pardonnait aux ennuis qui naissaient de ce célibat un peu forcé et il fermait les yeux sur des aventures qui égayaient la verve médisante des courtisans ; au milieu d'elles il oubliait les soucis de l'administration et les fatigues des expéditions saxonnes ou lombardes.

Comment se serait-il résigné à immoler une d'elles à Dieu sous la bure de Saint-Benoît ? Sa foi était vive, mais un cœur trop sensible luttait contre elle et il remit sans doute de jour en jour l'exécution d'un dessein qu'il avait trop de religion pour entraver tout-à-fait, mais qu'il répugnait à voir s'accomplir de son vivant. Il prépara tout, afin qu'après sa mort aucun obstacle ne s'opposa à la résolution de sa fille et qu'elle trouva jusque dans les renoncements de son état les privilèges de sa naissance. Peut-être aussi que les barrières relevées s'abaissèrent, le cloître rendit pour un temps l'enfant à son père et la vierge consacrée revint au palais impérial, où elle chercha à se créer une austère solitude et de saintes obligations.

C'est l'explication la plus simple du texte si formel d'Eginhard : « le roi Charles eut de l'éducation de ses enfants, dit-il, un soin si constant que jamais, quand il était chez lui, il ne prenait ses repas sans eux, que jamais sans eux il ne se mettait en voyage. Jusqu'à sa mort il retint près de lui dans son palais toutes ses filles, assurant qu'il ne pouvait se passer de leur compagnie. » (1)

Nithard confirme ce renseignement, en le complétant ; il nous apprend qu'après le décès de l'Empereur, Louis le Débonnaire mit toutes ses instances à ordonner à ses sœurs de se retirer dans leurs monastères ; « *sorores suas instanter a palatio ad sua monasteria abire præcepit.* » (2)

Le gouvernement de Théodrade au prieuré des rives de la Seine est constaté en 824 par un échange avec l'abbé Eginhard, et encore en 828 par un diplôme de Louis et de Lothaire, où sur les instances d'Hilduin, abbé de St-Germain-des-Prés et de St Denis, elle reconnaît que son abbaye a été soustraite de l'obédience de St Denis par un privilège, destiné à la rendre elle-même indépendante des moines, mais cette exemption cessera, soit qu'elle

---

(1 Filiorum et filiarum tantam in educando curam habuit ut nunquam domi positus sine ipsis cænaret, nunquam iter sine illis faceret. — Sed omnes secum usque ad obitum in domo sua retinuit, dicens se earum contubernio carere non posse. » Eginh. *Vita Karoli Magni.* Tome V. Recueil des Histor. de France.

(2) Nithard : *De Dissensionibus filiorum Ludovici Pii.* Migne Pat. lat. T. 116.

INTRODUCTION

vienne à mourir, soit qu'elle se transporte dans un autre lieu.

Cette dernière résolution ne fut probablement pas mise à exécution ; la princesse ne s'éloigna plus de son cloître ; peut-être même vécut-elle assez pour apercevoir sur le fleuve, qui en baignait les murailles, les premières barques des pirates normands et prévoir, comme son glorieux père, les larmes aux yeux, de quels maux et de quelles ruines leur passage serait accompagné. (1)

Pour conclure, et après avoir reconnu les infiltrations légendaires qui se sont glissées dans l'histoire de la Divine Tunique, il n'est que juste d'avouer que le fonds n'en est pas altéré. Les plantes parasites recouvrent le vieux tronc qui les portent et sous leur végétation désordonnée il n'est que dissimulé dans son immuable solidité.

Le champ reste ouvert aux hypothèses : la liberté même des contradictions les provoquera ; mais rien de sérieux, j'en suis convaincu, n'établira que l'église d'Argenteuil dans la possession du trésor dont elle s'honore, depuis plus de six cents ans, ne se réjouit que d'une pieuse illusion et ne se flatte que d'une supercherie trop crédulement acceptée et entretenue.

La conduite des religieux de Saint-Maur dans

(1) Monach. Sangall. *De Gestis Caroli Magni.*

cette circonstance est une règle sage à suivre et judicieusement établie. Plus d'une fois dans ce culte traditionnel, que leurs prédécesseurs leur avaient légué, ils se heurtèrent à des oppositions tenaces et bizarres et ils eurent à soutenir des polémiques ardentes : ils brisèrent les unes ; ils prononcèrent le dernier mot dans les autres. Dès leur introduction ils s'éclairèrent par des enquêtes, provoquèrent des mémoires, s'appliquèrent à une étude consciencieuse de la question (1). Quand ce fut nécessaire, ils en appelèrent à l'autorité archiépiscopale, ainsi dans la querelle suscitée par le curé du lieu à propos de la sonnerie de l'*Angelus*. Si quelque doute plane sur leurs droits et par amour de la paix, ils trouvent le moyen qui sauve leur dignité, en maintenant leur foi et leur respect. Nous en citerons un exemple et nous le prenons dans le registre des procès verbaux du séniorat de St-Germain-des-Prés ; la délibération n'a pas besoin de commentaires.

« Le 14 mai 1696, le R. P. Dom Arnould de Loo, Prieur de l'abbaye de St-Germain des Prés de Paris de l'ordre de Saint-Benoît, congrégation de Saint-Maur, ayant assemblé ses sénieurs leur a

---

(1) Enquête de 1647. — Mémoire de Dom Fayet 1663.
Parmi les religieux de la Congrégation, qui exprimèrent un sentiment favorable il convient de citer Dom Ruinart, Dom Martène et les divers auteurs du *Gallia Christiana*.

proposé que la communauté d'Argenteuil du même ordre et congrégation avait présenté une requête par laquelle ils exposaient qu'ayant un différent avec le curé d'Argenteuil, lequel dans les processions voulait encenser le reliquaire de la paroisse, où il y avait une parcelle de la vraie croix, avant la châsse de la Sainte-Robe, et qu'il ne ferait plus de difficulté s'il y avait quelque particule de la vraie Croix à la dite châsse, que pour cette raison ils priaient instamment la communauté de leur vouloir accorder quelque parcelle de la vraie croix. L'affaire mise en délibération, attendu que nous avons plusieurs parties de la vraie croix dans difrents reliquaires de notre trésor, il a été conclu qu'on leur en donnera une petite particule avec les cérémonies et les formalités ordinaires, ayant déjà pour cela obtenu la permission du Très Révérend Père Supérieur général de la Congrégation.

En foi de quoi, j'ai dressé le présent acte que le R. P. Prieur a signé avec ses sénieurs et moi le jour et an que dessus. » (1).

     Fr. Arnould de Loo.
 Fr. Jac. Guillebert.
    Fr. Jean Gellé.
      Fr. André Olivier.

(1) MSS. de la Bibl. nat. Fonds Franc. 18819 pag. 150.

Une nouvelle occasion se présenta bientôt pour les Mauristes de s'expliquer publiquement et d'écarter de leur Congrégation l'accusation de faire fléchir leur méthode et taire leur érudition, pour entretenir des susperstitions avantageuses à leurs églises et maintenir des dévotions fausses et dérisoires, mais où leur vanité trouvait son compte et leur pauvreté d'inépuisables aumônes.

La Tunique sans couture n'était pas, il est vrai, immédiatement mise en cause ; M. Thiers, curé de Vibraye, l'auteur de ce singulier réquisitoire épistolaire, s'en prenait surtout à la Sainte-Larme de Vendôme (1) ; mais Argenteuil était nommé et dans les intentions du pamphlétaire, comme dans l'esprit du lecteur, il l'espérait du moins, une cause n'était pas plus défendable que l'autre ; les railleries spécialement dirigées contre une des reliques atteignaient l'autre par ricochet et la couvraient d'un égal ridicule.

Les Bénédictins choisirent pour avocat un des leurs, le plus instruit et le plus illustre, Dom Jean Mabillon. Déjà dans une querelle fameuse la mission lui avait été confiée de protéger les études monastiques contre les impitoyables prescriptions

---

(1) *Dissertation sur la Sainte Larme de Vendôme par Thiers, curé de Vibraye.* Paris, chez la veuve de Claude Thiboust 1699. Une nouvelle édition fut imprimée à Amsterdam en 1751 avec la liste des 29 ouvrages de l'auteur.

du saint réformateur de la Trappe ; sa modération et sa sagesse étaient connues; sa voix était sûre d'être écoutée. Il adresse à l'évêque de Blois une lettre sur le discernement des anciennes reliques pour démontrer tout ce que les réclamations de son adversaire ont d'exagéré, d'outré, d'impraticable; tout ce que ses reproches ont d'injuste ; tout ce que les réformes et les suppressions qu'ils proposent ont d'abusif, de téméraire et d'odieux. Les conditions qu'il invoque pour attester la tradition ne se rencontrent nulle part et toutes ses exigences, si jamais elles étaient transformées en loi, ruineraient tous les cultes particuliers et privés et dépeupleraient les martyrologes et les sanctuaires. (1)

La prudence sur ce délicat sujet a parlé par la bouche d'Innocent III, quand il a dit: *Melius est Deo totum committere quam aliud temere definiri.* Il vaut mieux s'en remettre à Dieu que d'être téméraire en définissant le contraire. En pratique Baronius a formulé l'axiôme toujours applicable: *uti possidetis possideatis.* « Possédez comme vous l'avez toujours fait. » Et Mabillon ajoute sans embarras et sans fausse piété, avec la sincérité d'un croyant et une bonne foi qui ne déplait pas sous la plume du plus savant des moines : « Quand il

(1) *Lettre d'un Bénédictin à Mgr. l'Evêque de Blois touchant le discernement des anciennes reliques.* 1700 à Paris chez Pierre de Bats.

serait vrai que ces reliques ne seraient pas tout à fait certaines, elles peuvent mériter quelque honneur par rapport à la personne à qui on les attribue, parce que encore qu'elles ne fussent pas en effet véritables, elles sont en quelque forme les mêmes choses que les véritables. »

Un siècle naturaliste et sceptique, comme le nôtre, est peut-être mal préparé à recevoir d'aussi naïves leçons ; mais prenons garde à ne pas céder à toutes ses exigences et aux scrupules pharisaïques qui les inspirent ; on commence par repousser la légende et on conteste ensuite la tradition ; on doute des miracles ; bientôt on cesse de croire au mystère nécessaire au salut.

LA TUNIQUE
INCONSUTILE

DE

Notre-Seigneur Jésus-Christ

VÉRIFIÉE DANS LE PRIEURÉ
DE L'HUMILITÉ DE NOTRE-DAME A ARGENTEUIL

DE L'ORDRE DE SAINT BENOIT

Le tout a été recueilli des anciens auteurs manuscrits
et chartres dudit Prieuré Bénédictin

Par le Frère Robert WYARD

MOINE BÉNÉDICTIN DE LA CONGRÉGATION DE ST-MAUR

l'an mil huit cent-soixante-sept, le treize novembre.

Bibliothèque Nationale Département des M. SS.
Fonds Français 1984o. Petit in-4° cartonné
et relié avec couverture de parchemin.

ÉPITRE DÉDICATOIRE

A LA TRÈS-AUGUSTE IMPÉRATRICE DU CIEL ET DE LA TERRE

La Très-Immaculée Marie
Vierge, Mère de Dieu,
Ouvrière de la Tunique Inconsutile
de Notre-Seigneur Jésus-Christ,
Ma très bonne et honorée Dame

Très auguste et souveraine Impératrice du ciel et de la terre, unique Mère et Vierge, très digne ouvrière de la Tunique inconsutile de votre Bien-Aimé Fils, mon Seigneur Jésus-Christ, Dieu et homme. C'est avec toute sorte de justice et de raison qu'étant aujourd'hui prosterné aux pieds de vos autels, j'offre et je rends ce petit livre de la Tunique inconsutile de votre Fils à votre Majesté. A qui pourrais-je le présenter avec plus de justice ou plutôt à qui pourrais-je le présenter sans injustice, si je le présentais à une autre qu'à votre personne impériale ? à qui le serviteur doit-il les fruits de ses travaux sinon à sa Dame et Maîtresse ? si autrefois on croyait une espèce de larcin qu'un père esclave disposât de ses enfants au préjudice de son Maître, ne serait-ce pas avec plus de raison qu'on crierait au voleur sur moi, puisque je fais gloire d'être tout vôtre, sans exception et que je vous ai prise solennellement pour ma Dame, Mère, Patronne, Avocate ? Ne serais-je pas un criminel de donner à un autre la Tunique inconsutile de votre Fils, puisqu'elle vous appartient par autant de titres qu'on la peut considérer ? C'est la Tunique de votre Fils mourant : qui en doit être héritier, sinon vous qui êtes sa Mère ? C'est l'ouvrage de vos mains ; avec quelle justice pourrait-on vous en priver ? Mon crime serait-il excusable si j'avais mis un autre en possession de ce qui est de votre domaine ? ah ! Madame, cette ingratitude, cette injustice insupportable, cette injure que je ferais à votre majesté seraient comme autant d'accusateurs qui demanderaient avec instance une juste punition d'un tel attentat au souverain juge de l'Univers.

A Dieu ne plaise donc, Madame, que je tombe dans cette ingratitude, et en reconnaissance de l'obligation que j'ai à vos bienfaits, si la moindre pensée se présentait à mon esprit, avant de tomber en une si lourde faute, j'en ferais aussitôt une agréable victime à votre majesté, l'immolant dès le point de sa naissance aux pieds de vos autels ; et en même temps je tâcherais d'effacer par mes gémissements et mes larmes cette faute dont je croirais être criminel devant vous et par laquelle je pourrais être désagréable à vos yeux. Je veux donc imiter Charlemagne qui vous rendit ce précieux vêtement dans l'église de votre humilité dans Argenteuil et j'abhorre l'avarice des quatre bourreaux qui crucifièrent votre Fils, lesquels la retinrent pour la vendre à un Pilate ; non je ne veux point profaner votre ouvrage si saint par une sordide avarice de l'estime ou de la bienveillance de quelque mortel ; je rends à votre Majesté gratis ce que j'en ai reçu gratis. Charlemagne a donné sa propre fille Théodrade pour être la gardienne d'un si saint Dépôt, après l'avoir tiré des mains des infidèles.

J'ai eu l'honneur d'en être le gardien dans le même monastère et de la tirer en quelque façon de l'obscurité par mes recherches et les mémoires que j'ai donnés pour le fondement de quelques prédications et des petits imprimés en vers français les années précédentes. On commençait déjà à la vouloir fouler aux pieds la méconnaissant et la méprisant ; c'est pourquoi je vous dis avec un prophète : prenez les armes en mains et venez à mon secours ; voilà que je vous la présente vous disant avec les frères de Joseph :

Voyez, Madame, si c'est la Tunique de votre fils ou non ?

Et l'ayant reconnue, dites aussitôt que l'envie, qui est la bête carnassière qui a dévoré votre Fils, veut encore achever de perdre sa sainte Tunique inconsutile, et prenant en mains la défense de votre ouvrage, prenez aussi en votre sauvegarde ce petit livre et son auteur contre les attaques de ses ennemis visibles et invisibles ; maintenant et à l'heure de la mort, à laquelle je vous supplie de m'assister et me conduire avec vous au royaume céleste, pour y louer Dieu en toute éternité des prérogatives qu'il vous a données, vous ayant bénite sur toutes les femmes bénites. Cependant Madame, recevez les humbles respects et services de

Madame
Votre très humble,
affectionné et fidèle serviteur, indigne et inutile.

Frère Robert WYARD.
Moine Bénédictin Ind.

AU LECTEUR

Vous tenez en vos mains, mon cher lecteur, un petit ouvrage que plusieurs personnes ont désiré voir au jour et, après m'avoir prié de l'y mettre, elles se sont enfin réjouies dans l'espérance de l'y voir bientôt, non comme un blanc de contradiction avec les hérétiques, mais pour faire connaître la vérité de la relique à tous les fidèles et tirer la Tunique inconsutile de Notre-Seigneur Jésus-Christ des obscurités où les doutes de quelques personnes l'avaient mise et presque ensevelie, voulant faire passer pour vérité pure une véritable et pure fausseté. Assurant que la Tunique inconsutile, dont nous écrivons ici l'histoire, n'est pas dans le prieuré d'Argenteuil, dédié à l'incomparable humilité de la Très Sainte Vierge Marie, mais à Trèves. En quoi ou ils se montrent ennemis de la France, leur patrie, lui voulant ôter ce qu'elle a de plus précieux, ou ils en veulent à la vérité même, la voulant détruire ou par ignorance ou par malice, mais j'espère que la vérité manifeste les ôtera des ténèbres, leur éclairant leurs yeux ou du moins leur donnera sujet de rechercher les moyens d'en sortir. J'espère aussi que la France ouvrira les yeux pour voir et chercher le trésor caché qu'elle possède; et qu'elle fera réflexion que ce n'est pas sans sujet qu'elle porte la qualité de fille aînée de l'Église, puisque Dieu la lui a confirmée, en la faisant héritière de la Tunique inconsutile de son Fils, laquelle était l'unique possession qu'il avait en ce monde au temps de sa mort.

Vous admirerez aussi la Providence divine dans les moyens dont elle s'est servie pour mettre notre France en la possession de cet héritage; lorsque vous verrez tous les tours et les détours qu'elle a fait prendre à la sainte Tunique inconsutile pour la faire venir en France : car pourquoi les bourreaux ne la mirent-ils pas en pièces, avec les autres vêtements de Jésus-Christ sur le Calvaire, sinon pour la conserver entière à la France ? pourquoi Pilate la conserva-t-il si précieusement ? Pourquoi Dieu la fit-il retrouver et reconnaître en Zaphat et permit-il que Grégoire de Tours en fît une mémoire particulière, sinon pour la conserver à la France et témoigner par ces auteurs que Trèves ne l'a jamais possédée, pas non plus présentement ?

pourquoi a-t-elle été tant de fois cachée et éclipsée, sinon pour la faire reconnaître autant de fois par de nouveaux prodiges et avec des lumières et éclats d'autant plus prodigieux qu'ils étaient moins espérés et attendus? Pourquoi la même Providence a-t-elle voulu que les trois témoins, qui rendent témoignage de la vérité d'un Dieu, fassent aussi le même devoir à cette sainte Tunique? Car l'esprit, c'est-à-dire le Saint-Esprit, rend témoignage dans le saint Evangile dont il est l'auteur; l'eau qui signifie la continuelle succession de la postérité dans les écrivains ecclésiastiques et profanes; le sang du Fils de Dieu enfin par les miracles qu'elle opère encore tous les jours dans Argenteuil par la vertu du sang de Jésus-Christ dont elle est toute teinte, crient à nos oreilles en la personne du Père Eternel: « *Tunica Filii mei est* ». C'est la Tunique de mon Fils.

Quelque personne intelligente dans les chartes pour en pouvoir distinguer les vraies d'avec les fausses, voyant en nos jours la Charte de l'invention de la sainte Tunique de Notre-Seigneur, n'a point refusé son témoignage disant: ou qu'il n'y avait pas de véritable Relique en France, ou bien que la sainte Tunique de Notre-Seigneur Jésus-Christ en était une très-assurée.

Que les villes, pays, provinces donc se glorifient d'avoir des langes de la crèche où l'Enfant Jésus fut mis dès sa naissance, qu'ils s'estiment heureux d'avoir de la croix, des épines de sa couronne etc... Ils auront quelque chose de sanctifié par Jésus Enfant, ou en sa naissance, ou en ses souffrances, et partant leur joie est simple ; mais ils en cèdent à notre France une triple, puisqu'elle possède la Tunique sans couture de Notre-Seigneur ; car elle est sanctifiée en trois façons par Jésus-Christ. C'est à savoir pendant son enfance, pendant sa vie et pendant ses souffrances, qui l'ont teintée et empourprée du sang innocent de cet Agneau céleste et de Dieu.

France, ma chère patrie, réjouis-toi donc d'un si riche trésor et d'une relique qui vaut autant à elle seule que toutes les reliques : et vous, mon cher lecteur, reconnaissez Argenteuil la plus heureuse ville de France, puisqu'elle garde chez soi une relique si souhaitable ; dites à cette bourgade ce que l'église chante de Bethléem : « *O sola magnarum urbium major Argentolium!* » O Argenteuil plus grande et plus relevée que les plus grandes villes de France. Et participant à sa joie, profitez de mon travail que je vous offre affectueusement en ce petit livre, surtout n'oubliant point en vos prières le pauvre pécheur qui vous le présente.

A Dieu.

LA TUNIQUE INCONSUTILE
de Notre-Seigneur Jésus-Christ
VÉRIFIÉE DANS LE PRIEURÉ DE L'HUMILITÉ
DE NOTRE-DAME D'ARGENTEUIL

CHAPITRE PREMIER

Notre-Seigneur Jésus-Christ a eu plusieurs vêtements

Sans nous arrêter beaucoup à faire le dénombrement des vêtements de N.-S. Jésus-Christ comme Dieu, nous dirons seulement que la lumière en est le premier : « *Amictus lumine sicut vestimentum.* »

Le second est un abyme : « *Abyssus sicut Vestimentum amictus ejus* ». Saint Thomas, en son exposition sur le Psaume 44°, et saint Bonaventure en la Somme de l'essence en ajoutent deux autres :

Le premier est celui que saint Paul lui donne : « *Habitu inventus ut homo ;* » le Psalmiste « *conscidisti saccum meum et plage ;* » et Isaïe, chap. 63. « *Quis est iste qui venit de Edom, tinctis vestibus de Bosra, quare est rubrum vestimentum tuum?* »

Le second est un vêtement mystique qui sont tous les saints, duquel vêtement Isaïe parle en son chapitre 49.

« *His omnibus velut ornamento vestieris et ab his procedit odor myrrhæ, guttæ et basiæ,* » etc., etc. (1).

Saint Augustin dit que la frange de ce vêtement est saint Paul, l'apôtre des Gentils, ce qu'il prouve par ce passage du même Apôtre : « *Ego sum minimus Apostolorum.* »

Ce qui est le plus vil d'un vêtement, c'est la frange, parce que c'est la plus basse partie, comme dit le même Père.

Sans, dis-je, m'arrêter à prouver au long cette multiplicité et cette diversité de vêtements de la Divinité et y en ajouter plusieurs autres de l'âme de N.-S., comme les vertus, etc., etc. dont elle fut revêtue au moment de sa création, je viens aux vêtements de son corps sacro-saint dont il est ici question.

Il est certain, par le texte sacré du saint Evangile, que J.-C. étant venu au monde fut aussitôt revêtu de langes, puisque les anges, conviant les pasteurs de lui aller rendre leurs hommages et leurs adorations, lui donnèrent pour marque et remarque afin de le pouvoir connaître et reconnaître :

---

(1) Le texte d'Isaïe (49, 18) : « *omnibus his velut ornamento vestieris et circumdabis tibi eos quasi sponsa.*

Invenietis infantem pannis involutum, fascis, puerilibus, ajoute Jansenius Yprensis. (1)

Les Chrétiens, pour conserver la mémoire de ces premiers habits, édifièrent une belle église où ils ont été fort longtemps adorés ; et depuis, distribués à quelques Eglises de Rome.

Baudoin, empereur de Constantinople, envoya une pièce de ces précieux langes au roi de France, Philippe-Auguste, qui la fit mettre dans le trésor de la royale abbaye de Saint-Denis en France, avec plusieurs autres Reliques, selon le rapport de Dupleix.

On fait voir de nos jours, à Rome, une petite chemise de lin dont N.-S. s'est servi pendant qu'Il était au berceau, comme sa petitesse donne à connaître, et de laquelle Jean Diacre fait mention en son catalogue des reliques du trésor de saint Jean de Latran, assurant qu'elle a été faite des propres mains de la sainte Vierge, la mère de Jésus ; ce n'est point encore celle que nous cherchons. (2)

---

(1) Jansénius évêque d'Ypres (1585-1638), commentateur de l'Ecriture, souvent cité par notre auteur ; c'est le père de l'hérésie qui porte son nom et qui l'a rendu plus fameux que ses travaux d'exégèse.

(2) Joannes diaconus : *Liber de Ecclesia lateranensi*; Circà ann. 1169. Voici le texte de l'écrivain : « Tunica inconsutilis quam fecit Virgo Maria Filio suo Domino nostro Jesu Christo, quæ in morte ipsius a militibus sortita est, non scissa ; quam dum Salvator inibi reservaverit hæresis vel scissura fidei diù non erit in eâ. » Patrol. lat. de Migne. T. 194.

C'est pourquoi je passe aux autres vêtements pour la trouver.

Il est certain que les habits de Notre-Seigneur parmi lesquels nous cherchons la Tunique inconsutile étaient en nombre plusieurs, puisque le Psalmiste et les Evangélistes en parlent aussi au pluriel, « *diviserunt sibi vestimenta mea* », car nous prétendons la prendre sur le Calvaire au temps de la passion pour la conduire en tous les lieux qu'elle a honorés, jusqu'à ce que nous la fassions voir dans Argenteuil.

Le nombre de ces habits est assez en controverse parmi les auteurs. Albert-le-Grand dit qu'ils étaient au nombre de cinq, parce que, dit cet auteur, chaque soldat des quatre qui crucifièrent Notre-Seigneur a eu la sienne entière pour sa part, et la Tunique Inconsutile qui fut tirée au sort faisait la cinquième et, par conséquent, il faut qu'outre la Tunique Inconsutile, Notre-Seigneur ait eu quatre autres Robes égales en valeur, mais cet auteur est seul de son parti. (1)

Il se trompe au sentiment des autres, qui disent que les habits de Notre-Seigneur ne furent point partagés en les distribuant seulement, mais en les divisant et rompant et déchirant : « *non distribuendo sed scindendo.* »

---

(1) Albert Magn. In capite 19 St Joan. Le B. Albert le Grand, dominicain, évêque de Ratisbonne, mort à Cologne (1193-1280).

Jansénius de Gand, Jansénius d'Ypres, Silveira tiennent que Notre-Seigneur n'a eu en tout que trois vêtements, savoir : la Tunique Inconsutile, qui était immédiatement sur sa chair sacro-sainte, une robe qui se vestait immédiatement par dessus la tunique ou chemise et un manteau. Euthymius, qui est un ancien Auteur, dit la même chose, excepté qu'au lieu du manteau, il se sert du terme de vêtement extérieur, soit qu'il entende un manteau ou une robe de dessus. (1)

On peut dire, néanmoins, que ce vêtement extérieur était une Robe de dessus, parce qu'il est certain que les habits, divisés et déchirés sur le Calvaire par les quatre bourreaux qui crucifièrent Notre-Seigneur, étaient plus d'un, puisque tant le Psalmiste que les saints Évangélistes en parlent en nombre pluriel, sans y comprendre la Tunique Inconsutile, outre que le Grec, qui n'admet l'usage du pluriel que lorsqu'il s'agit de plus de deux, se sert ici d'un pluriel « Ελαβον τα ιματια », ils prirent ses vêtements ; or, ce mot grec ιματιον signifie les longues robes de dessus.

C'est pourquoi la Tunique inconsutile n'y doit

---

(1) Jans. Gand *Concordia Evang.* c. 143. — Cornélius Jensen (1510-1578) évêque de Gand. La *Concorde des Evangiles* est un livre utile. — Iprensis cap. 27, 35; Matthæi ; Silveira ubi infra; Euthymius, *comment. in cap 27 Matthæi.* — Moine grec (1080-1122). — Migne Patrol. græc. T. 128.

point être comprise, vu que le même Evangéliste en fait mémoire particulière et qu'elle était un vêtement court. Les Jansénius de Gand et d'Ypres disent que Notre-Seigneur n'avait point son manteau lorsqu'Il alla au Calvaire.

Il faut donc entendre cet ιμάτιον de saint Jean de plusieurs robes vêtues par dessus la Tunique inconsutile.

Il n'est pas non plus probable que les quatre soldats qui crucifièrent Notre-Seigneur eussent voulu partager en quatre une robe seule qu'ils auraient plus tôt tirée au sort.

Ceux de Trèves confirment cette opinion par leur imprimé de l'an 1619, puisqu'ils disent que la sainte Robe de Notre-Seigneur qu'ils possèdent n'est point celle qui touchait immédiatement sa chair sacrosainte ni celle de dessus; mais celle du milieu et, par conséquent, ils disent que Notre-Seigneur avait plus d'une Robe outre la Tunique inconsutile.

Il ne faut pas croire que Notre-Seigneur qui n'a jamais rien commandé qu'il n'ait pratiqué le premier, « *cœpit Jesus facere et docere* » eût fait contre le précepte qu'il donna à ses apôtres, lorsqu'il leur dit : « *nolite possidere aurum neque duas tunicas.* »

Ne possédez point d'or ni deux tuniques ; car, quoique le docte Lyvanus entende les paroles à la lettre, croyant que Notre-Seigneur défend la pluralité de tunique comme superflue, parce que, dit cet auteur, la Judée étant un pays fort chaud, une seule tunique suffit : saint Augustin et plusieurs autres avec lui entendent ce passage de deux paires d'habits dont on peut se servir, de l'un après l'autre, et non point de plusieurs parties d'habits qui ne font qu'un habit.

Car « *unum autem integrum indumentum ex multis vestibus coalescit* ». Un seul habit est composé de plusieurs vêtements, dit Silveira (1); or, il faut dire que tous les vêtements de Notre-Seigneur ne faisaient qu'un habit ou plusieurs parties, et non pas plusieurs habits complets.

---

(1) Jean de Silveira (1638-1687) appartenait à l'ordre des Carmes ; il publia une compilation scripturaire à Lyon en 1645. — *Commentar. in Evangel. et Act. Apost.*

CHAPITRE SECOND

De la Tunique Inconsutile en particulier. Quel vêtement elle était et son usage

La Tunique est un vêtement ancien, commune aux hommes et aux femmes et dont il y avait de deux sortes.

Pour ce qui regarde les tuniques externes des femmes, c'est Pline qui nous les donne à connaître, lorsqu'il dit qu'une certaine femme appelée Aurélia s'était revêtue de belles tuniques pour paraître en compagnie : *Aurelia sumpserat pulcherrimas tunicas* (1).

Martial confirme cet usage des tuniques externes, lorsqu'il les donne pour marque de misère et d'indigence :

Prædicant miseram, Lesbia, te tunicæ. (2)

(1) Plinus Epistola ultima bib.
(2) Martial in Lesbia.

Vos tuniques prêchent assez votre misère, ô pauvre Lesbia.

Il faut nécessairement entendre ces passages des tuniques externes, puisque l'honnêteté demande que les internes soient cachées et hors de la vue du monde.

Il est encore plus constant qu'elles se servaient des tuniques internes qui sont les chemises, puisque, outre la tradition, les auteurs en font foi, entre autres Ovide par ces deux vers :

> Sic etiam tunica tangitur illa sua

et ailleurs :

> Pugnabat tunicâ se tamen illa tegi. (1)

Les tuniques externes des hommes ont été en usage particulièrement parmi les Français, qui les ont appelées Hocquetons, du mot grec ο χιτων, qui signifie une tunique en français ; ce qu'il ne faut pas trouver étrange, puisque César dit que les Druides qui étaient les prêtres et philosophes Gaulois se servaient ordinairement de la langue grecque dans leurs assemblées publiques et particulières ; de cet usage, à mon sentiment, s'est glissée une grande partie de mots et de phrases grecques dans le langage français, qui en tient aussi les articles. Qui peut douter que ce mot

---

(1) Ovid. lib. 2, amor.

français greffier, par exemple, ne vienne du verbe grec γραφω *scribo* et ainsi des autres ?

Les tuniques internes des hommes sont communes à toutes les nations, et elles s'appellent en latin *subucula*, en français chemise, et en grec ὁ χιτων.

Ces tuniques internes sont des vêtements plus doux, qui se vêtaient immédiatement sur la chair. Selon Marian : *Est autem tunica interior ac mollior vestis carni adhærens.* (1)

Les Romains vêtaient immédiatement sur cette tunique leur robe de paix, qui était appelée chez eux *toga*.

L'Évangéliste saint Jean nous fait connaître que cette tunique interne était en usage en Judée et qu'elle se vêtait immédiatement sur la chair nue, lorsqu'il dit que saint Pierre ayant entendu sur la mer que Notre-Seigneur était présent, il prit sa tunique pour cacher sa nudité : « *Petrus cum audisset quia Dominus est, tunica succinxit se, erat enim nudus, et misit se in mare.* »

La différence que je trouve entre les tuniques des Romains et celles des autres nations est que celles des Romains étaient sans manches et celles des autres nations en avaient, comme il paraît assez dans ce vers de Virgile :

Et tunicæ manicas et habent redimicula mitræ.

(1) Marianus in Scholiis in Epist. I. Sti Hiéronymi.

La tunique, dont saint Jean fait mention expresse en son XIXe chapitre, était de cette sorte, car c'était celle qui touchait immédiatement la Chair sacro-sainte de Notre-Seigneur Jésus-Christ, selon la pensée des auteurs entre lesquels je cite Jansénius Yprensis, Euthymius, Jansénius de Gand, qui appellent cette tunique *subuculam*, une chemise.

Cette même Tunique de Notre-Seigneur avait des manches, comme des personnes dignes de foi l'ont affirmé par serment, en un procès-verbal qui se conserve en ce prieuré bénédictin d'Argenteuil, aussi bien que la sainte Tunique, dont nous parlons en ce livre. (1)

(1) Le procès-verbal auquel il est fait allusion en cet endroit fut rédigé à la suite d'une enquête de 1647 sur la conservation de la sainte Tunique pendant les guerres de religion.

CHAPITRE TROISIÈME

De la Matière dont la Tunique Inconsutile de Notre Seigneur a été faite

Jésus-Christ Notre-Seigneur a toujours aimé la sainte pauvreté et humilité, ayant voulu même être réputé le Fils du charpentier et être appelé charpentier, τεκτονα, comme dit notre Genebrard, après l'Evangile, et il a voulu paraître pauvre en ses habits. (1) C'est pourquoi saint Chrysostôme dit que l'Evangéliste a entrepris de faire la description de la Tunique inconsutile de Notre-Seigneur pour la donner à connaître et faire voir qu'elle était d'une matière pauvre; car, dit ce Père, Notre-Seigneur faisait paraître de l'humilité aussi bien en ses habits qu'en ses actions : « *Nam quemadmodum in aliis omnibus ita in habitu vilem speciem præfe-*

---

(1) Genebrard liber 2. Chronic. ad annum Christi 26. — Bénédictin de Cluny (1537-1597) professeur au collège royal, ardent prédicateur de la Ligue, archevêque d'Aix. Sa *Chronologie* sacrée parut en 1580 in-fol.

rebat. »(1) Théophilacte assure que ses habits étaient si pauvres que les soldats les divisèrent pour lui faire affront et par moquerie, comme s'ils eussent voulu dire que cette dépouille vile devait être bien riche, puisqu'elle était celle d'un Roi. « *Diviserunt vestimenta ejus. Erant enim vilia, ad opprobrium videbantur hoc facere ; quid enim erat pretiosum in vestibus.* » (2)

En effet, la Tunique Inconsutile était vile, puisque au témoignage d'Isidore Peleusiota et de Jansenius Yprensis après lui, elle était semblable à celles dont les pauvres de Galilée se servaient. *Cujusmodi tunicis pauperes Galilæos indui solitos, ut poti ex vulgari materia, docet Isidorus Peleusiota.* (L. I. — Epître 74). (2)

La matière dont elle était composée la rendait véritablement vile ; car il est croyable qu'elle approchait de celle de saint Jean-Baptiste qui n'était que de poils de chameaux : *De pilis (vestem) habebat, non de lana,* dit saint Jérôme.

Aussi celle de Notre-Seigneur n'était ni de lin, ni d'une matière précieuse, quoiqu'au rapport de

---

(1) Chrysost. Homil. 88, in cap. 19, Joann.

(2) Theophilacte, archevêque d'Acride en Bulgarie, de 1072 à 1100 a laissé un assez grand nombre d'écrits, commentaires, discours, lettres etc. — Migne. Pat. grec. 123-126.

(3) Isidore de Péluse (370-450) a traité dans ses Lettres plusieurs points de controverse biblique.

Marian, on ait eu coutume de faire ces tuniques de lin ou tout au moins de chanvre. Car, comme dit Baronius, il n'est point probable que Jésus-Christ louant l'austérité de Jean-Baptiste : *qui mollibus vestimentum in domibus regum sunt,* lui-même ait voulu se servir d'habits douillets et délicats ; c'est pourquoi, s'il a eu une chemise de lin, comme j'ai dit, il n'a guère tardé à la quitter pour prendre celle dont nous écrivons l'histoire, qui a été composée toute moitié poils de chèvres, moitié laine, au rapport des experts à qui on l'a fait voir. (1) Quoiqu'il ne faille pas trop s'assurer sur les actions des magiciens, je dirai néanmoins que le diable en suscita un, environ l'an 590, pour contrefaire les actions du Fils de Dieu, afin qu'on le crut tel. Il lui fit prendre un habit de poils de chèvre, afin que l'habit eut quelque rapport avec celui de Notre-Seigneur Jésus Christ, si ces actions n'y avaient aucune relation, comme dit notre écrivain Génébrard : « *Desiderius quidam Burdigalensis, tunica ex pilis caprarum amictus, Christum se simulans arte magica miracula quædam edere conatus est.* » (2)

Voilà la matière dont le vêtement divin était composé, qui n'était point précieuse, sinon en

---

(1) En note d'une autre écriture (de Dom Gerberon) : Elle n'est que de laine sans poils de chèvre.
(2) Op. laud.

tant qu'elle a touché la Chair sacrée de la sainte Humanité de Jésus-Christ ; par le moyen duquel attouchement, comme dit Rupert, elle était devenue plus riche que les plus somptueux habits des plus grands monarques : « *Non enim vilia putabantur vestimenta ejus de quorum fimbriis contactis virtus exire consueverat.* » (1)

(1) Rupert, fécond écrivain, abbé du monastère de Saint-Héribert de Deutsch (1135). Patrol. lat. 167-170.

CHAPITRE QUATRIÈME

De la façon et de la couleur de la Tunique Inconsutile

L'Evangéliste saint Jean dit que cette Tunique était inconsutile, c'est-à-dire sans couture, car elle avait été toute tissée depuis le haut jusqu'en bas d'un même fil. *A summo ad imum usque uno continuo ductu texta,* dit Jansénius Yprensis.

Le cardinal Baronius, fondé sur le rapport d'Isidore de Péluse, dit que du temps de Notre-Seigneur on exerçait un art dans la Galilée, par le moyen duquel on faisait de ces sortes de tissus, tout d'une pièce et d'un même fil, depuis le haut jusques au bas. C'est pour cette raison qu'on appelait ces ouvrages sans couture ou inconsutiles, parce qu'étant faits d'un même fil sans pièces, il n'y avait point de couture pour les assembler.

Eutymius, les Jansénius de Gand et d'Ypres, Albert le Grand, Charles Stengelius donnent pour exemple à faire concevoir ces façons d'habits les calottes et bas de chausses d'hiver : « *veluti sunt apud nos capitis aut pedum hiemalia operimenta, id est pileoli et caligæ quæ tum ex lana tum ex bombyce fiunt.* » Ce sont les termes d'Eutymius.

Il semble que le saint Evangéliste ait mis ce mot *de super* pour nous faire connaître que la sainte Tunique a été commencée par le haut et finie par le bas ; c'est l'opinion des interprètes de ce mot qui font l'explication de ce *de super* par cette périphrase : *ad imum uno continuo ductu texta*.

La couleur de la Tunique, sans couture, est rapportée diversement par divers auteurs, Mathieu Paris appelle cette couleur « *subconfusi coloris* », confuse, ce qui servira pour expliquer les opinions des autres et les accorder tous. Car si elle est de couleur confuse, il faut qu'il y ait plusieurs couleurs mélangées ensemble ? Robert du Mont dit qu'elle était d'une couleur roussâtre : « *Subrufi coloris* ». Nonnus chez Stengelius, de couleur de vin, *vinei coloris*. (1)

Or toutes ces couleurs paraissent selon les divers jours qu'on donne à la sainte Tunique ; de même que les plumages des pigeons paraissent tantôt

---

(1) Nonnus poëte grec du V° siècle, auteur d'un poëme épique les *Dionysiaques*, a également composé une *Paraphrase de l'Evangile selon St Jean*. — Le comte de Marcellus a donné une traduction de l'un et de l'autre. — Stengelius, lib. 2 de reliq. Domin.

noirs, tantôt dorés, tantôt d'une autre couleur à proportion du jour qu'ils prennent. André Favin appelle cette couleur de roses sèches. (1)

La sainte Tunique était unique inconsutile.

Le saint Evangéliste fait mention de la sainte Tunique, sans couture, comme unique en son espèce; l'opposant aux autres vêtements comme s'ils eussent été faits par couture, car il met premièrement les autres habits à part « *vestimenta mea* », puis voulant distinguer la Tunique, il dit : « *vestem meam* ; » et, pour nous faire connaître que la sainte Tunique était inconsutile, il dit : « *erat autem Tunica inconsutilis,* » la distinguant ainsi des autres habits, parce qu'elle était sans couture; or, si les autres habits eussent été sans couture, cette marque distinctive n'aurait de rien servi, puisqu'ils l'auraient participé également. Outre que plusieurs auteurs sont tous unanimement de cette opinion que les autres habits étaient composés de plusieurs pièces assemblées par des coutures, ce qu'un vêtement sans couture ne peut souffrir, car dès lors qu'il est cousu, il n'est plus inconsutile. C'est l'opinion commune que les autres vêtements de Notre-Seigneur furent déchirés et partagés, non par distribution, mais par divi-

---

(1) *Histoire de Navarre, contenant l'origine et conquêtes de ses rois etc par André Favyn parisien advocat en Parlement.* Paris chez Laurent Sonnius 1612.

sion, ce qui ne serait point arrivé s'ils eussent été inconsutiles, parce que, selon les auteurs cités, un vêtement inconsutile étant déchiré, se dissout aussitôt en fils : « *Vestis texta scissione in fila dissolvitur* », dit Jansénius Yprensis.

Les quatre bourreaux n'auraient point fait ce partage, de crainte de tout perdre ; mais il les auraient tirés au sort, ce qu'ils n'ont point fait selon la pensée de saint Augustin.

CHAPITRE CINQUIÈME

La Sainte Vierge Marie Mère de Dieu est l'ouvrière de cet ouvrage

Ce serait faire tort à la Tunique sans couture de Notre Seigneur et à Notre-Dame en même temps, si je passais ce chapitre sous silence : ce serait faire tort à la sainte Tunique parce que la qualité d'ouvrage de Notre-Dame lui donne aussi la qualité de relique; ce serait faire tort à Notre-Dame, puisqu'on lui ôterait son ouvrage et l'honneur d'avoir donné le premier vêtement à son Fils, que chaque fidèle doit honorer comme une double relique.

Selon le témoignage de Baronius on doit croire que Notre-Dame est l'ouvrière de la sainte Tunique inconsutile de Notre-Seigneur : *Contextam illam fuisse a beatissima Virgine par est credere.*

Saint Rupert, au livre XIV de ses Commentaires sur le 19° chapitre de saint Jean, Albert le Grand sur le chapitre 23° de saint Luc, Maldonat, Jansénius de Gand sur le chapitre 21ᵉ de saint Mathieu, Jansénius d'Ypres sur le chapitre 19ᵉ de saint Jean et enfin Eutymius, qui est un ancien auteur, récite et approuve cette opinion comme beaucoup plus ancienne, laquelle néanmoins il dit avoir apprise par tradition.

Robert du Mont et Mathieu Paris disent qu'on trouva des lettres dans le monastère d'Argenteuil qui faisaient foi que Notre-Dame avait fait ce précieux vêtement, « *quam, sicut litteræ cum ea repertæ indicabant, gloriosa Mater illius fecit* »(1).

---

(1) Robertus a Monte in Appendice Sigeberti et Math. Paris, Historia Anglicana ad. ann. 1156.
Robert de Torigni, le plus exact, sinon le plus célèbre des anciens historiens de Normandie, comme s'exprime M. Léop. Delisle, naquit à Torigny sur Vire et se fit moine à l'abbaye du Bec en 1128, à vingt-deux ans ; dès l'année 1149 il était prieur de ce monastère ; élu abbé du Mont-Saint-Michel il fut béni dans le prieuré de St Philibert sur Risle (canton de Montfort, par Herbert évêque d'Avranches, assisté de l'évêque de Séez et de plusieurs autres abbés ; il mourut le 23 ou le 24 juin 1186.
Dès 1150 il s'était proposé de composer une chronique générale destinée à servir de complément à celle de Sigebert de Gembloux qui s'arrêtait à 1112. Il ne cessa d'y travailler et d'en publier diverses éditions jusqu'au moment de sa mort.
Cf. Léopold Delisle : *Chronique de Robert de Torigni abbé du Mont-St Michel, d'après les manuscrits originaux.* — Pour la Société d'Histoire de Normandie. T. I et II. Rouen, 1872-1873. M. Delisle n'a pas consulté moins de dix-huit manuscrits.
De vita et scriptis Roberti de Torigneio in monte Sancti Michaelis abbate. Thesim proprombat M. Morlais 1881.
Son témoignage est considérable pour Argenteuil ; il est facile de se rendre compte avec quelle fidélité les termes dont il s'est servi ont été reproduits par les autres chroniqueurs.

La Prose de la messe de la sainte Tunique d'Argenteuil, imprimée depuis un fort long temps, est encore un témoignage recevable ; c'est en la troisième strophe :

Vestis hæc est manuale
Opus matris virginale
Actum sine sutura.

Une Vierge mère
A tissé sans couture
Cette robe entière.

De plus, c'était la coutume d'Orient que les femmes fissent les vêtements des hommes selon l'autorité de Baronius, appuyée sur le livre d'Esdras : « *Ipsæ faciunt stolas omnium hominum.* » Elles font les tuniques des hommes.

Cela étant, il est incroyable que Notre Dame seule se soit exemptée de faire la Tunique inconsutile de Notre-Seigneur, mais on doit plutôt dire qu'elle est cette femme forte de l'Ecriture qui n'a point mangé son pain dans l'oisiveté, mais que ses doigts ont pris le fuseau et les poils de chèvres pour travailler avec adresse la Tunique sans couture de son Fils, imitant la bonne femme mère de Samuel, qui faisait une petite tunique à son fils et lui la portait à certains jours « *Et tunicam parvam faciebat ei mater sua quam afferebat* ». Ou plutôt

(1) Reg. Ch. 2. v. 19.

faisant la réalité, dont cet exemple n'était qu'une figure, sa pauvreté qui ne lui permettait point peut-être d'acheter une tunique toute faite à son Fils, l'affection qu'elle avait pour lui et l'honneur et le mérite qu'elle savait que celle qui lui donnerait cette tunique s'acquerrait, étaient capables de lui persuader efficacement d'entreprendre un travail si pieux et si saint, afin que son Fils ne portât point une tunique faite d'autres mains que des siennes; ce fut pour lors qu'elle exerça l'art de tisser, qu'elle avait appris au temple de Salomon avec le plus grand mérite qui puisse s'imaginer.

CHAPITRE SIXIÈME

Quand Notre Dame a fait la Tunique sans couture de Notre-Seigneur

La tradition nous apprend que ce vêtement sacré a été fait lorsque Jésus était encore Enfant ; Eutymius, Maldonat, Salmeron, Stengel et plusieurs autres auteurs sont garants de cette vérité, et Robert du Mont Saint-Michel.

Mathieu Paris, en son *Histoire d'Angleterre*, Mathieu de Wuistmoustier en ses *Fleurs d'histoire*, (1) affirment cette vérité sur les lettres très

---

(1) Deux bénédictins et deux chroniqueurs anglais. Le premier, probablement élevé à Paris ou originaire de cette ville, naquit vers 1195 et mourut en 1259 ; il était moine de Saint-Albans. Sa chronique, auquel il a donné le titre d'*Historia Major Anglorum* a deux parties, l'une sans importance et assez banale, l'autre plus intéressante s'étend de 1068 à 1259 ; il reproduit d'abord les annales rédigées par Roger de Wendover, mais à partir de 1235

antiques qui furent trouvées dans la châsse de la sainte Tunique de Notre-Seigneur, lorsqu'il plut à Dieu de découvrir ce trésor caché comme nous dirons; pour Robert du Mont, il a appris cette vérité de son bon ami l'archevêque de Rouen, Hugues d'Amiens, qui fit cette cérémonie. Voyez les termes de Mathieu Paris : « *quam, sicut litteræ cum ea repertæ indicabant, gloriosa Mater illius fecit ei, cum adhuc esset puer* », c'est-à-dire que sa glorieuse Mère lui a faite, lorsqu'il était encore Enfant, comme les lettres trouvées avec la sainte Tunique inconsutile font foi.

Il ne faut pas entendre ici ceux qui, ne pouvant comprendre que cette Tunique sacrée ait été faite pour l'Enfant Jésus et qu'elle lui ait servi jusqu'à la mort, disent tout haut dans leurs livres qu'il faut effacer du texte de cet Anglais : « *dum adhuc puer esset* », lorsqu'il était encore enfant, ne voulant pas même recevoir la véritable solution de leurs difficultés que Mathieu de Wuistmoustier leur donne fort à propos, disant que ce vêtement merveilleux croissait avec l'Enfant Jésus : « *Crevit ipso crescente.* » Charles Stengelius et Salmeron sont du

---

Il parle de lui même des évènements auxquels il a été souvent mêlé.

Mathieu de Westminster est le nom de l'autre chroniqueur dont on ignore toute l'existence ; ses annales s'étendent jusqu'en 1307; encore semble-t-il qu'elles appartiennent à plusieurs continuateurs.

même sentiment. Voici leurs textes : « *Et ipsa crescente ipsam crevisse* ». (1)

Que ces personnes ne qualifient donc point cette vérité du nom d'absurdité et ne disent point qu'ils estiment la preuve et solution de fabuleuse. Il est vrai qu'il y aurait quelque raison de dire ceci, s'il s'agissait d'une conduite ordinaire, mais il s'agit de Jésus-Christ, qui était un homme tout extraordinaire, et par conséquent d'une conduite tout extraordinaire. Je donne cette raison pour cette vérité que les théologiens disent de Jésus-Christ que ce qu'Il a pris une fois, Il ne l'a jamais quitté, ce qui s'entend de son Humanité, de son corps mystique et physique : « *Quod semel assumpsit nunquam dimisit.* »

La Tunique inconsutile était la figure de ces deux corps de Jésus-Christ, mystique et physique, c'est pourquoi, voulant représenter un schisme prochain, il apparut avec sa tunique déchirée, disant qu'Arius avait déchiré sa tunique en mettant le schisme dans son église qui était sa tunique et son épouse ; parlant aussi de son corps il l'appelle un sac, un habit couvrant la Divinité, de

---

(1) Stengelius, écrivain ecclésiastique du dix-septième siècle.
Le savant jésuite Salméron fut un des théologiens du Concile de Trente ; il mourut en 1585 après de nombreux travaux. Son commentaire sur les Evangiles n'a pas moins de seize volumes in fol°.

même que sa tunique couvrait l'Humanité; or pour faire que la Tunique inconsutile fut une véritable figure de ces deux corps, il ne devait point la quitter du tout; et, par conséquent, il devait la porter depuis son enfance jusqu'à sa mort et pour cet effet, il fallait que ce divin vêtement fut accru avec Lui, car un vêtement d'enfant ne peut convenir à un homme de trente-trois ans, à moins qu'il ne croisse avec lui. Outre qu'il me suffirait de dire pour toute raison cet axiome de Saint Augustin : « *in rebus mirabiliter factis tota ratio facti est potentia facientis*; » dans les opérations merveilleuses de Dieu, toute la raison qu'on en peut donner est sa toute Puissance, dit ce Père.

Il n'y a aucune répugnance en ce miracle, non plus qu'en celui que Dieu fit au désert en faveur des Israélites, qui était une figure de celui-ci; car comme dit l'Apotre : « *omnia contingebant illis in figuris.* » Ils n'avaient rien qu'en figure de ce qui devait arriver dans la nouvelle loi ; non seulement ni leurs habits ni leurs souliers ne s'usaient point et ne se consommaient point par la vieillesse, comme dit l'Ecriture, mais encore Saint Justin martyr (1) ajoute que les habits des enfants ont cru avec eux: « *quorum item vestimenta non modo attrita*

---

(1) Justin. mart. cum *Tryphone Judæo* p. 301. Apud Saussay. *Panoplia sacerd.* Stengelius *de Reliq. cultu,* lib. 2, cap. 5.

non sunt, sed juniorum quoque una cum ipsis crererant. »

Abulensis dit que les Israélites avaient apporté dans le désert quantité de petits habits pour les enfants qui y devaient naître ; mais ces petits habits n'étaient pas grands ; il fallait un miracle continuel pour les agrandir. (1) Tertullien confirme ceci, lorsqu'il dit ces paroles : *Hæ figuræ nostræ fuerunt ut Dominum potentiorem credamus omni corporum lege et carnis magis utique conservatorem, cujus etiam vestimenta et calceamenta protexit.* (2)

Si donc Notre-Seigneur a fait ces merveilles en faveur des enfants d'Israël, aura-t-il moins de puissance pour faire croître ses propres habits ? S'il l'a pu il l'a fait, parce qu'il n'est pas croyable que tous les auteurs que nous avons cités se soient mépris ou aient donné des faussetés pour vérités, puisqu'ils n'ont rien dit qu'ils n'aient eu de bons auteurs pour leurs garants. Quand il n'y aurait que l'ancien titre, qui fut trouvé avec la Sainte Tunique dans le prieuré d'Argenteuil, il suffirait seul pour certifier cette vérité, puisque en l'an mil cent ils avaient plus de cinq cents ans d'antiquité.

La prose qui se chante à la messe au jour de la

---

(1) Alphonse Tostat (1400-1455), né à Madrigal en Espagne, abbé de Pincia et évêque d'Avila, d'où son nom d'Abulensis, a donné de très longs commentaires sur la Bible. — Cf. Brunet. *Manuel du libraire.* T. V. 899.

(2) *Lib. de Resurrectione carnis* cap. 58.

fête de la Translation de la Tunique inconsutile de Notre-Seigneur, le quatrième jour de mai dans l'église du prieuré d'Argenteuil, et qui se trouve dans les missels de Paris, qui sont de la plus ancienne impression, font foi de cette vérité en la quatrième, cinquième et sixième strophes tirées et vérifiées sur un ancien manuscrit de ce prieuré.

IV

Corpus tegit filiale
Donec debitum mortale
Feret pro creatura

V

O mirandum vestimentum
Cujus ætas dat augmentum
Ab ejus infantia.

VI

Sumit simul incrementum
Nullum vestis nocumentum
Gerens labis nescia.

IV

L'ouvrage de Marie
Couvre Jésus son Fils
Pendant toute sa vie.

V

O Tunique admirable qui
Croissait avec le corps de Jésus
Depuis son enfance sacrée.

VI

Elle prend accroissement
Sans recevoir aucun dommage
Ni se gâter.

Ces mêmes auteurs disent qu'on ne trouve point que Jésus-Christ ait jamais eu deux tuniques, une courte et étroite qui lui ait servi pendant son bas âge, et l'autre longue et large, il est vrai ; mais il est aussi vrai qu'il en a eu une dont le texte sacré fait mention, il faut savoir quand il a commencé de s'en servir ; les auteurs cités ci-dessus disent que c'est dès son enfance, il faut donc les croire, puisque on ne trouve rien de contraire en aucun autre ancien auteur, et par conséquent il faut croire qu'elle a crue à proportion de ce que Jésus-Christ croissait puisqu'il n'aurait pu s'en servir autrement.

Il est donc constant que Notre-Seigneur a commencé à se servir de cette Tunique sans couture dès son enfance ; mais c'est la difficulté de savoir en quelle année de son enfance il s'en est servi ou commencé de s'en servir. Puisque au sentiment d'Isidore, livre onzième des Etymologies chap. 2, et du vénérable Bède, en ses collations à la fin du troisième tome de ses œuvres, distinguant les âges des hommes par le nombre septenaire, l'âge puéril ou l'enfance s'étend jusque à la quatorzième année, il est probable néanmoins qu'il s'en est servi, après qu'il eût quitté les chemises de lin, dont auparavant il s'est servi, pendant ses plus tendres années, et qu'il quitta dans la suite par une secrète austérité.

CHAPITRE SEPTIÈME

Si Notre-Seigneur quitta sa Tunique inconsutile quelquefois

C'est une chose constante par la foi que Jésus-Christ entra dans l'eau pour se faire baptiser par Saint Jean-Baptiste, puisque le texte sacré dit expressément qu'il en sortit aussitôt qu'il eut reçu le baptême et que Grégoire de Tours et le vénérable Bède disent qu'on remarquait encore la place au milieu du Jourdain, où Notre Seigneur fut baptisé. Cela supposé, il faut dire que Notre Seigneur se dépouilla de sa Tunique même et qu'il entra nu dans le fleuve pour y recevoir les ablutions du baptême par Saint Jean-Baptiste, ayant mis sa tunique avec ses autres habits dans l'extrémité du Jourdain, à ce que dit le même vénérable Bède qui ajoute qu'en la suite des temps on y bâtit une église portée sur quatre piliers, laquelle était toujours pleine et environnée de populaire. (1)

Le sacré dépouillement de la Sainte Tunique arriva, le sixième jour de janvier, de la trentième année de Notre Seigneur, selon Saint-Jérôme *in Ezechiel. ch. I homil. I.* Saint Epiphane, Saint Irénée et Saint Ignace martyr disent que Notre Seigneur avait trente ans accomplis pour lors ; Saint-Chrysostôme et toute l'Eglise Romaine est de ce sentiment ; Saint Epiphane veut que cette cérémonie soit arrivée le sixième jour de novembre, mais il n'est non plus recevable en ceci que lorsqu'il dit que Notre-Seigneur est né le sixième jour de janvier. (2)

Les Evangélistes disent que Notre-Seigneur quitta aussi ses vêtements pour laver les pieds de ses apôtres, ce qu'Origène entend même de la Tu-

---

(1) Grég. de Tours *de Gloria Martyrum* chap. 17. C'est plutôt le chapitre 16, dans lequel l'évêque de Tours fait la description du Jourdain et raconte les guérisons de lépreux qui s'opèrent publiquement sur ses rives.
Bède *de Locis Sanctis* c. 13 ; *In loco in quo Dominus baptizatus est, crux lignea stat usque ad collum alta, quæ aliquoties aqua transcendente absconditur, a quo loco ripæ ulterioris id est orientalis in jactu fundæ est ; superior vero ripa in supercilio monticuli grande monasterium gestat beati Joannis Baptistæ Ecclesia clarum de quo per pontem arcubus suffultum solent ascendere ad illam crucem et orare.*

(2) *Ad baptismum venit qui nondum triginta annos suppleverat, sed inciperet ille tanquam triginta annorum.* — Irenœus lib. 2, c. 39, Origenes 32, 40 in Evang. S. Joann. Genebrard, Chron. lib. 2.

nique sans couture, voulant que Notre Seigneur fut demeuré nu, excepté le linge qu'il prit pour cacher sa nudité pendant ce temps là; Jansénius, au contraire, dit que Notre-Seigneur ne quitta que son manteau ou tout au plus sa robe de dessus.

Mais je suivrai en ceci l'opinion de notre Guénébrard qui dit que Notre Seigneur ne quitta que la robe nuptiale qu'il avait revêtue par-dessus la sienne.

CHAPITRE HUITIÈME

Une femme qui souffrait un flux de sang depuis douze ans est guérie au simple attouchement des vêtements de Notre-Seigneur.

Le premier miracle que nous lisons avoir été produit par la vertu des habits de Notre-Seigneur est celui que le Saint Évangile nous raconte.

Un prince de la synagogue, disent les saints historiens, qui s'appelait Jaïre, étant venu supplier Notre-Seigneur de vouloir secourir sa fille âgée de douze ans qui était à l'extrémité de maladie, Jésus le suivait pour aller chez lui étant accompagné d'une grande troupe de peuple, lorsqu'une femme extrêmement travaillée d'un flux de sang qui la tenait depuis douze ans, pendant lequel temps elle avait beaucoup souffert entre les mains des médecins et elle y avait dépensé tout son bien, sans en recevoir aucun soulagement, au contraire, son mal s'étant aigri, elle trouvait sa santé plus intéressée qu'auparavant. Ayant appris la renommée de Jésus-Christ, qui s'était répandue par toute la Judée, elle se mit dans la presse et toucha son vêtement par derrière, selon saint Marc et saint Luc ; mais selon saint Mathieu elle ne toucha que la frange de son vêtement : « *Tetigit fimbriam vestimenti ejus* » ; car elle disait en elle-même, si je touche seulement sa robe, je serai guérie et sur l'heure même qu'elle toucha la sainte Robe, cette fontaine de sang qui coulait incessamment fut tarie et elle s'aperçut sensiblement qu'elle était guérie de son incommodité.

Jésus sachant qu'une vertu était sortie de lui, s'étant tourné vers la foule disait : qui est-ce qui a touché mes vêtements ? à quoi ses disciples et particulièrement saint Pierre répondit : Seigneur, vous voyez une foule de populace qui vous presse de tous côtés et vous demandez qui est-ce qui m'a touché ? Jésus répartit à saint Pierre : « Quelqu'un m'a touché, car j'ai senti une vertu sortir de moi ».

Cependant Jésus jetait les yeux de tous côtés pour voir celle qui avait touché son vêtement. La pauvre femme toute craintive et tremblante, sachant ce qui s'était passé en elle et que Jésus ne l'ignorait point, s'approcha de lui se jetant à ses pieds, confessant la vérité et le sujet pour lequel elle l'avait touché. Alors Jésus lui dit devant tout le peuple assemblé ; Ma fille votre foi vous a sauvée, allez, retournez en paix chez vous et soyez guérie de votre infirmité.

Eusèbe de Césarée et Baronius disent que cette hémorrhoïsse était une personne très noble, de dignité spéciale et très riche. Mais saint Ambroise et après lui saint Bonaventure semblent donner lieu de croire que cette femme était sainte Marthe, lorsque ce Père de l'Eglise dit ces paroles : « *dum largum sanguinis fluxum siccat in Martha, dum dæmon, etc* ; lorsqu'il sèche un grand flux de sang en la personne de Marthe, lorsqu'il chasse les démons de la Madeleine. etc.

Mais cette opinion est réfutée par le cardinal Baronius, Silveira, Jansénius de Gand, appuyés sur le témoignage d'Eusèbe de Césarée qui assure que cette femme était native de la même ville de Césarée, où on montrait encore de son temps la maison de cette hémorrhoïsse guérie par Notre-Seigneur Jésus-Christ ; or il est constant que Marthe était de Béthanie en Judée et non point de Césarée et par conséquent, ce n'est point sainte Marthe qui était cette femme hémorrhoïsse.

Une autre circonstance rapportée par le même

---

(1) Baron. ann. Christi 31 apud quem Eusebius Cæs *Hist. Eccl.* liv. 7, cap. 14, — S. Ambros. lib. Salom. Cap. 5, — Bonav. in Luc. ch. 8.

Eusèbe confirme ceci, c'est qu'il dit que cette hémorrhoïsse en reconnaissance de sa guérison fit élever une base ou colonne dessus laquelle on voyait une statue de bronze représentant la femme hémorrhoïsse à genoux au pied de la statue de Notre-Seigneur, les mains étendues et avancées vers lui, comme seraient celles d'une personne qui demanderait quelque grâce ; la statue de Notre-Seigneur était debout, le représentant décemment habillé d'une belle robe qui le couvrait depuis le cou jusqu'aux pieds et avançant la main droite vers l'hémorrhoïsse : aux pieds de Notre-Seigneur croissait une herbe inconnue et de nouvelle espèce ; ayant atteint la plus basse partie de la robe du vêtement de Notre-Seigneur de ses plus hautes feuilles, elle en reçoit des forces incroyables pour guérir toutes sortes de maux et langueurs infailliblement, quelques grands et incurables qu'ils puissent être. On ne faisait que mouiller et appliquer en même temps cette herbe sur le mal, et ce qui est encore admirable, c'est que si on coupe cette herbe avant qu'elle ait touché le bas de la frange de la robe de cette statue, elle est sans vertu et sans effet. La tradition était que le visage de cette statue ressemblait au naturel à

---

(1) Euseb. Cæs. ubi supra. Dans l'édition Migne (Patro. Græc. T. xx) ce chapitre est numéroté le 18me. L'évêque assure qu'il a vu lui-même les deux statues.

celui de Notre-Seigneur. C'est ce que rapporte Eusèbe de Césarée comme témoin oculaire de cette statue et de l'herbe miraculeuse qui croissait aux pieds. Saint Jean Damascène rapporte au long la requête que l'hémorrhoïsse présenta à Philippe Tétrarque de la région de Trachonytide pour en obtenir permission et ériger cette statue à Notre-Seigneur.

Julien l'Apostat, ayant appris que cette statue de Notre-Seigneur était à Césarée de Philippe en Phénicie qu'on appelait Paurade, la fit abattre et mettre la sienne en la place; mais la foudre ne tarda guère à briser cette idole criminelle et sacrilege; la tête et le cou de la statue de cet apostat furent fichés en terre d'un coup de foudre. C'est ce qu'en dit Socrate.

De cette histoire je tire une seconde preuve que sainte Marthe n'était point la femme hémorrhoïsse, parce que sainte Marthe étant de la nation et tribu des Juifs, il lui était défendu aussi bien qu'aux autres de la même nation de faire ériger aucune statue à aucun homme.

Silveira dit que l'Evangile de Nicodème appelle cette hémorrhoïsse Veronicam, Véronique; laquelle est celle qui présenta un mouchoir plié en trois pour essuyer Notre-Seigneur allant au Calvaire, qui imprima le portrait de sa face en ces trois doubles mouchoirs en récompense de ce bon service; mais il ajoute que cet Evangile est apocryphe.

Qui que cette femme ait été, il est tout constant qu'elle a été guérie d'une maladie qui la rendait immonde parmi les Juifs ; c'est ce semble aussi la raison pour laquelle elle s'approcha de Notre-Seigneur par derrière n'osant l'aborder en face, parce que sa vilaine maladie lui mettait la confusion sur le visage et en même temps en danger de mourir bientôt ; car le flux de ce sang dont cette femme était travaillée était une impuissance de retenir le sang dans les veines d'où vient la dénomination qui lui est donnée par les Grecs αιμορροουντα qui signifie fluant le sang ou hémorrhoïsse en français ; ce qui est une maladie très dangereuse, parce qu'il est moins possible de vivre sans retenir le sang que de vivre sans manger, parce que le manger n'est qu'un aliment éloigné de la nature, mais le sang en est le prochain sans lequel il faut mourir nécessairement.

Le livre des Nombres (chap. XV n° 38) nous apprend ce que c'était que cette frange touchée par l'hémorrhoïsse en ces paroles : « *dices ad filios Israël ut faciant sibi fimbrias per angulos palliorum, ponentes in eis vittas hyacinthinas* ».

CHAPITRE NEUVIÈME

De la transfiguration de la Sainte Tunique sans couture et des autres vêtements de Notre Seigneur.

Saint Mathieu, chap. 17, rapporte cette belle transfiguration des habits de Notre-Seigneur qui arriva, lorsque prenant avec soi saint Pierre, saint Jacques et saint Jean, il monta sur la croupe d'une haute montagne à l'écart pour se transfigurer, où sa face devint luisante comme un soleil et ses habits plus blancs que la neige, si blancs qu'aucun artisan n'en peut faire de semblables.

Il ne faut pas croire que cette blancheur ait été une couleur naturelle qui soit survenue aux habits de Notre-Seigneur tout-à-coup, la première dont nous avons parlé ayant été effacée, car elle n'était qu'accidentelle, n'étant qu'un excès de lumière qui sortait de tout le corps de Notre-Seigneur et qui venant à transparaître au travers de ses habits les rendait tout blancs et lumineux, sans néanmoins leur ôter leur propre couleur naturelle, qui n'était point perdue, mais seulement offusquée; de même que les astres ne paraissent point en présence du soleil à cause de sa lumière qui offusque la leur. « *Ubi candor vestium describitur, non substantia tollitur, sed gloria commutatur* », dit saint Jérôme.

Les habits de mon Sauveur ont expérimenté en cette occasion ce que les bienheureux n'attendent qu'en l'autre vie; mais surtout la Tunique inconsutile étant celle qui touchait immédiatement à la chair de Jésus-Christ, elle a aussi participé de plus près à cette gloire et à cette lumière.

Pour le lieu où cette transfiguration de la sainte Tunique arriva, l'Eglise et les Pères tiennent cette opinion que ce fut sur le Thabor; quelques auteurs veulent que ce soit la montagne du Liban qui ait reçu cet honneur.

La première raison est parce que Notre-Seigneur était en ce temps vers la ville de Césarée de Philippe, proche laquelle le Mont-Liban est situé. Secondement cette opinion est fondée sur ce passage d'Isaïe: « *Gloria Libani data est ei, decor Carmeli et Saron, ipsi videbunt gloriam Domini et decorem Dei nostri* ». La gloire du Liban lui a été donnée; la beauté du Carmel et de

---

(1) Hieronym, in cap. 17, St Mathei.

Saron; ils verront la gloire du Seigneur et la beauté de notre Dieu. C'est à mon avis Jacques Le Febvre, natif d'Etaples en Boulonnais, qui est l'auteur de cette opinion que je n'ai point encore trouvée ailleurs.

Les opinions des auteurs sont diverses touchant la question des habits dont Notre-Seigneur s'est dépouillé à la Cène pour laver les pieds à ses Apôtres; mais je trouve celle de Guénébrard (Chron. lib. 2) plus probable; il dit que ces habits ne furent que ceux qui étaient sacrés et destinés pour la cérémonie de l'Agneau Pascal.

(1) Isaïe, chap. 35. Le Febvre, (1453-1536), un compatriote de notre bénédictin, est très suspect de luthéranisme : la protection de Briçonnet évêque de Meaux lui servit à se préserver de la prison ; mais ses livres, qui ne sont pas sans érudition, furent frappés par l'*Index* du concile de Trente.

CHAPITRE DIXIÈME

La Tunique sans couture de Notre-Seigneur a été mouillée de sa sueur de sang et eau au Jardin des Olives.

Comme dit saint Paul, selon qu'on est participant de la gloire de quelqu'un, on doit l'être aussi de ses souffrances. C'est de la Tunique de Notre-Seigneur que cela se vérifie; car de même que nous l'avons vue dans la gloire au Thabor, nous allons la voir parmi les souffrances de mon Sauveur: c'est pourquoi nous devons l'appeler un vêtement de souffrance.

Il est croyable que la sainte Tunique a été plusieurs fois abreuvée de la sueur de l'Homme-Dieu ; mais il est de foi quelle a été teinte dans la sueur de sang et d'eau qu'il versa en abondance au Jardin des Olives. Cette sueur était extraordinaire et marquait une grande angoisse dans l'esprit de Jésus-Christ ; lui-même était comme dans l'agonie de la mort qu'il aurait soufferte pour lors, s'il n'avait été réservé pour un sacrifice plus douloureux « *Factus in agonia.* » Comme donc cette sueur sortait de violence, il ne faut pas s'étonner si elle était de sang : « *Factus est sudor ejus sicut guttæ sanguinis decurrentis in terram.* »

Or, cette sueur était si abondante qu'elle coulait et courait à terre comme un ruisseau. Cela étant ainsi, la Tunique inconsutile de Notre-Seigneur a été la première qui a été trempée dans cette divine liqueur parce que c'était elle qui touchait immédiatement sa chair divine, et si les autres habits de dessus en ont ressenti quelque chose, ce n'est que ce que la Tunique a laissé transpercer ne le pouvant plus contenir.

CHAPITRE ONZIÈME

De ce qui arriva à la Sainte Tunique Inconsutile pendant la Passion de Notre Seigneur jusques sur le Calvaire.

La première occasion qu'on peut remarquer, où il arriva quelque chose aux habits de Notre-Seigneur, est lorsqu'il fut conduit chez Hérode et revêtu de la robe blanche par dérision (1); mais apparemment Hérode ne voulait rien faire contre l'honnêteté; à tout le moins il laissa Notre-Seigneur revêtu de sa Tunique sans couture parce que c'était celle qui couvrait de plus près sa nudité. Quoique au sentiment de saint Jérôme, chez Albert-le-Grand, Notre-Seigneur ait été dépouillé de ses autres habits en cette occasion : « *quatuor*

---

(1) *Vestis alba qua illusus Jesus ab Herode fertur asservari Romæ in templo Sancti Joannis lateranensis* Carol. Stengelius citans Salmeron, *T.* 10 tract. 27.

vestimenta deposuit, sed tribus vicibus resumpsit : in cœna deposuit et resumpsit; illusus a militibus deposuit et resumpsit; in cruce deposuit et non resumpsit, » car les soldats lui rendirent ses habits après s'être assez moqués de lui ; mais il n'en fut point de même lorsqu'il fut reconduit d'Hérode à Pilate, car ce juge inique l'ayant condamné au fouet sur la sollicitation des Juifs, on le dépouilla de tous ses habits, même de la Tunique inconsutile, le mettant nu, afin que les bourreaux eussent plus de facilité de déchirer à coups de fouet cette victime innocente attachée à une colonne, auprès de laquelle les bourreaux avaient peut-être laissé ses habits sacrés en négligence ; c'est pourquoi on peut croire que le sang rejaillissant les avait tous empourprés : « *quare rubrum est vestimentum tuum ? Sanguis aspersus est supra vestimenta mea et omnia indumenta mea inquinavit.* »

Mais lorsque ces bourreaux acharnés eurent réduit le corps de Notre-Seigneur en squelette à coups de fouets, ils le revêtirent de ses vêtements et ce fut en cette occasion que sa tunique adorable reçut les honneurs d'être teinte entièrement de son sang qui ruisselait de toutes les parties de son corps en abondance.

Ce vêtement sacré ne demeure guère dans cette divine teinture, parce que Pilate ayant donné sentence de mort contre Jésus, les bourreaux l'en dépouillèrent de ce chef pour lui donner une méchante casaque de pourpre toute déchirée, pour lui servir de vêtement royal, pendant que ces bouffons le saluaient par dérision, le genou en terre, comme s'il eût été Roi. « *Ave rex Judæorum.* » Cette robe était rouge selon Baronius, an. 34, num. 88, citant Pline, (*Histor. nat.* lib. 9, c. 38.) « *Romæ magis fuscis vestitus pallia rufis atque placet pueris militibusque color* »; les Evangélistes l'appellent *coccineam* et *purpuream*.

Enfin après que Jesus-Christ eut été bafoué et moqué autant de temps qu'il en fallait pour contenter la passion enragée des Juifs inhumains, on lui ôta ce méchant haillon de pourpre qu'on lui avait mis sur les épaules par dérision, et on le revêtit de sa Tunique inconsutile et de ses autres habits pour le conduire chargé de sa croix au Calvaire : « *Exuerunt clamyde et induerunt eum vestimentis suis.* »

CHAPITRE DOUZIÈME

De ce qui arriva aux habits de Notre-Seigneur sur le Calvaire

Notre-Seigneur étant arrivé sur le Calvaire, ce doux Joseph fut aussitôt dépouillé par ses frères, et les loups carnassiers ôtèrent pour la dernière fois la toison de l'agneau innocent, les bourreaux le prirent et le mirent en tel état que la très bénite Vierge Mère, étant chargée de confusion de voir la nudité de ce corps vierge et virginal, découvrit sa tête vénérable, ôta le linge qui la couvrait pour en cacher les reins et les parties du corps de son Fils que la nature ne peut voir ni laisser découvertes sans confusion, selon ce que nous apprend Albert-le-Grand, (1) et Charles Sten-

---

(1) Albert-le-Grand in 23 Luc. Stengelius lib. 2 *de SS. Reliquiar. cultu.*
Dicunt enim Patres quod totum nudum dimiserunt; sed pannum, qui ningitur citra lumbos ejus, Beata Virgo mater de capite sumptum sibi circumligavit. Albert Magn. in Evang. Sancti Lucæ cap. 23.

gelius assure que ce linge se conserve à Aix-la-Chapelle.

Ce fut en cette occasion que Notre-Seigneur donna la dernière récompense à la sainte Tunique inconsutile, lui disant le dernier adieu, car comme elle était collée sur son corps par le sang caillé, il fallut que les bourreaux lui arrachassent et emportassent et la chair et le sang avec la Tunique.

Notre-Seigneur étant attaché à la croix, ces infâmes mercenaires, j'entends les quatre bourreaux qui le crucifièrent, prirent ses habits qu'ils avaient mis en quartier en le dépouillant et se mettant dans un lieu duquel Notre-Seigneur pouvait les voir, ils désignèrent et partagèrent en quatre parties les habits externes de Notre-Seigneur dont ils firent quatre portions, chacun la leur ; car ils étaient quatre bourreaux selon Saint Augustin.

Mais considérant la Tunique inconsutile qui avait servi jusqu'alors de chemise à Notre-Seigneur, ils ne la voulurent point rompre ; la laissant donc à part un d'entre eux dit aux autres : ne la déchirons pas, mais tirons au sort à qui elle sera, « *Non scindamus eam, sed sortiamur de illa cujus sit.* » Les autres s'étant accordés à cette proposition ils tirèrent au sort à qui aurait la Tunique inconsutile entière.

Il est donc constant que les bourreaux tirèrent au sort à qui appartiendrait la Sainte Tunique de

Notre-Seigneur; mais il n'est pas constant du sort qu'ils tirèrent ; on peut dire néanmoins selon les anciennes peintures que c'était le jeu de dés qui fut ce sort ; mais il ne faut pas beaucoup s'appuyer sur ce fondement. parce que, comme dit Horace,

Pictoribus atque poëtis
Quidlibet audendi semper fuit æqua potestas.

Les auteurs sont partagés, lorsqu'il est question de savoir si le sort fut tiré aussi bien sur les vêtements extérieurs de Notre-Seigneur Jésus-Christ que sur sa Tunique inconsutile.

CHAPITRE TREIZIÈME

Ce que la Tunique sans couture est devenue au sortir du Calvaire

Mathieu de Vuistmoustier et un docte espagnol assurent que Pilate acheta la sainte Tunique inconsutile du soldat qui l'emporta au sort sur le Calvaire, sachant qu'il ne pouvait avoir un remède plus présent à ses maux et une défense plus forte contre toutes sortes d'attaques ; ce qu'il expérimenta peu de temps après, ayant été cité et conduit à Rome par le commandement de Tibère César pour y répondre des concussions dont il avait été accusé devant sa majesté impériale. Cependant l'empereur Tibère décéda et Caius Caligula lui succéda, lequel, ayant appris que ce concussionnaire était arrivé à Rome, commanda tout en colère qu'on le fit venir en sa présence, pour y répondre aux accusations qu'on avait faites contre lui.

Pilate se sentant coupable des crimes dont on l'accusait et dont sa conscience était la première accusatrice et qui portait le premier témoignage contre lui, crut que rien ne pouvait le mettre à couvert des peines que ses crimes méritaient, sinon la seule vertu de l'innocent qu'il avait condamné ; c'est pourquoi ayant apporté avec soi la Tunique Inconsutile de Notre-Seigneur il la vêtit dessous ses habits ordinaires ; il se présente en cet état devant l'empereur qui ne l'eût pas plutôt aperçu qu'au lieu de le traiter comme il méritait, il se leva par honneur de son trône, avec grand respect sans pouvoir lui dire un seul mot de colère, bien davantage il alla au-devant de lui par respect, en sorte que l'empereur qui était tout enflammé de colère contre Pilate en son absence était plus doux qu'un agneau en sa présence ; il le congédia avec civilité. (1)

(1) Dom Wyard abrége beaucoup le récit de Mathieu de Westminster (*Flores historiarum*) emprunté du reste aux actes apocryphes ; il a supprimé en particulier tout ce qui concerne Véronique et ses accusations contre le procurateur romain.

CHAPITRE QUATORZIÈME

La Sainte Tunique est rachetée et retrouvée à Zaphat

Quoiqu'il en soit du chapitre précédent, il est certain par le témoignage de Baronius, appuyé sur celui de Grégoire de Tours, que les chrétiens rachetèrent la Tunique inconsutile et la conservèrent bien précieusement, mais l'Eglise naissante ne demeura guère en possession de ce précieux trésor : les nuages et les brouillards du temps et du siècle avec la nuit sombre et obscure de l'envie des Juifs firent bientôt éclipser cet astre brillant et l'ensevelirent dans les ténèbres de l'oubli et de l'obscurité d'un lieu inconnu.

Notre-Seigneur qui n'avait conservé sa Tunique inconsutile que pour la consolation des fidèles ne permit pas que cet oubli fut éternel et que cette éclipse dura un trop long temps. Il fit donc naître dans les cœurs des chrétiens un désir extraordinaire de posséder ce trésor. Ils en font une exacte recherche, enfin après quelque temps il rencontre un certain Juif nommé Simon ou Siméon, fils d'un autre appelé Jacob, qui pressé par les tourments extérieurs des chrétiens, pendant deux semaines, et les remords intérieurs de sa propre conscience, pendant quelque temps, déclara le lieu où était caché ce trésor et par sa confession fit évanouir et dissiper les ténèbres qui offusquaient la lumière de ce soleil éclatant en prodiges, comme les auteurs assurent.

On trouva donc par ce moyen la Sainte Tunique de Notre-Seigneur dans un coffre de marbre blanc, orné des images de la Sainte Vierge Marie et des apôtres, dans une petite ville située proche de Jérusalem, sur une montagne et qui a son port appelé Sasta par les étrangers. Cette ville est appelée Zaphat que d'autres ont appelé Joppé en Jérusalem ; d'autres Zaphad par un ph ou un d à la fin; d'autres Zaphaf par un f, d'autres l'appellent Jephad et Japha. Tous ces noms ne signifient que cette petite ville où fut trouvée la sainte Tunique de Notre-Seigneur Jésus-Christ, selon le témoignage de Marolles, abbé de Villeloin, en ses re-

---

(1) *Tunicam etiam illam inconsutilem, a militibus sorte datam, a christianis redemptam et conservatam author est idem Gregorius Turon.* Baronius, anno Christi 34, n° 138.

marques sur le chapitre du livre onzième de l'histoire de Grégoire de Tours.

Cette invention de la Sainte Tunique de Notre-Seigneur Jésus-Christ est rapportée par Grégoire de Tours à la trentième année du règne du Gontran, roi de Bourgogne ; Aimoin en son troisième livre de l'*Histoire de France* ; Frédégaire en sa *Chronologie* ont suivi en ceci Grégoire de Tours. Suivant Dupleix cette huitième année du roi Gontran tombe l'an 594, car il dit qu'il commença à régner l'an 564, auquel nombre si on ajoute celui de trente du règne du même Gontran, fils de Clotaire, septième roi de France, on trouvera l'an 594 de Notre Seigneur. (1)

Sigebert (pag. 33) et Mathieu de Vuistmoustier (pag. 20) en leur chronologie mettent cette invention à la même année 594 ; Baronius, en l'an 593, Duperret en son histoire de l'état et succès de l'Eglise en l'an 592 ; notre Guénébrard, en sa Chronologie

---

(1) Le bénéditin d'Argenteuil paraît unir deux textes bien différents et les attribuer, par une erreur du reste commune à ses contemporains, au même historien.

La relation de l'invention de la Sainte Tunique à Jaffa appartient à Frédégaire ; la mention de sa conservation dans une ville voisine de Constantinople est seule tirée de Grégoire de Tours dont l'ouvrage est complet en dix livres.

Ces deux textes sont du reste trop importants pour n'être pas rapportés intégralement :

Grégoire de Tours s'exprime ainsi : « De Tunica vero beati corporis non consuta, desuper contexta per totum,

en l'an 590 ; quantité d'autres bons auteurs font mémoire de cette invention et tombent tous d'accord que cette invention miraculeuse fut de la Tunique inconsutile de Notre-Seigneur, qui ne fut point déchirée sur le Calvaire, mais qui y fut tirée au sort par les quatre bourreaux et qui servait de chemise à Notre-Seigneur.

quod justa Davitici vaticinium sub sorte jacuerit, fides evangelica pandit, Ait enim : Partiti sunt vestimenta mea sibi et in vestem meam miserunt sortem. De hac vero Immaculati Agni Tunica quæ a quibus audivi silere nequeo. Ferunt autem in civitatem Galateæ, in basilica quæ ad sanctos Archangelos vocitatur retenere. Est enim hæc civitas ab urbe Constantinopolitana quasi milibus 150 in qua basilica est crypta abditissima ; ibique in arcâ ligneâ hoc vestimentum habetur inclausum. Quæ arca a devotis atque fidelibus cum summa diligentia adoratur, non immerito digna, quæ hoc vestimentum retinet dominicum corpus vel contingere meruit vel velare.

Gregor. epis. Turon. *liber. in gloria Martyrum.* C. 7.

On n'est pas très fixé sur le nom et l'emplacement de cette ville de Galatéa. Dom Ruinart pense qu'il s'agit de la province de Galatie ; M. Bordier conjecture qu'il s'agit de Galatz à l'embouchure du Danube.

Le chroniqueur du VIIe siècle (liv. IV. C. 11.) raconte à son tour la découverte de Jaffa et la translation à Jérusalem de la précieuse relique : « Anno XXX regni principis Guntramni) tonica domini nostri Jesus Christi (inventa est) profetenti Symoni, filio Jacob, qui per duabus hebdomadis multis cruciatibus adfectus tandem profetetur ipsam tonicam in civitatem Zaphad procul a Hierusolyma in arca marmorea positam esse. Quam Gregorius Anthiocenus et Thomas Hierusolymarum et Johannes Constantinopolitanus episcopi, cum aliis multis episcopis, triduanum facientes jejunium, exinde condigni cum arca marmoreâ, leve effecta, quasi est ligno fuisset, ordine pedestri Hierusolyma cum devotione sanctissima perduxerunt et eam in loco ubi crux Domini adoratur cum triumpho posuerunt. »

CHAPITRE QUINZIÈME

La Tunique Inconsutile est transportée à Jérusalem et de là en une ville de Galatie

La Tunique inconsutile ne fut point laissée davantage dans ce lieu d'obscurité. Grégoire d'Antioche qui était le premier de tous les grands prélats qui se trouvaient à cette cérémonie, personnage recommandable pour les grands emplois dont il a été honoré des Souverains Pontifes et des rois de Perse, Thomas de Jérusalem et Jean de Constantinople, qui est celui qui voulut usurper la primatie de la Grèce, dont il commença à prendre la qualité d'universel, après avoir indiqué un jeûne de trois jours transportèrent la Sainte Tunique inconsutile de Notre Seigneur de cette petite ville dans la célèbre cité de Jérusalem ; ils la mirent dans le même lieu où on adore la vraie croix de notre Sauveur. La cérémonie de cette translation était grande et belle ; plusieurs grands évêques et prélats, outre ceux que nous avons nommés en particulier y assistaient avec une très grande affluence de peuple ; tous marchaient à pieds nus avec grande dévotion et Notre Seigneur gratifia cette cérémonie d'un miracle assez particulier. C'est que le coffre de marbre, dans lequel la Sainte Tunique inconsutile était enfermée devint si léger, pendant le chemin, quoiqu'il fut très-pesant de soi, que ceux qui le portaient ne sentirent aucunement sa pesanteur et le portaient avec autant de facilité que s'ils n'eussent rien porté.

Grégoire de Tours et après lui Baronius, Charles Steingel disent que la Sainte Tunique a été transportée une autre fois de Jérusalem en une ville de Galatie où elle fut mise et assez longtemps conservée adorée des fidèles, dans une église dédiée sous le nom des Saints Archanges, dans laquelle elle fut placée dans un lieu fort difficile à trouver et que la châsse dans laquelle elle était enfermée n'était que de bois : ce qui arriva du temps de Grégoire de Tours, comme il le certifie lui-même et partant il faut dire que cette translation de Jérusalem en Galatie est arrivée après celle de Zaphat en Jérusalem, puisque selon le témoignage de Grégoire de Tours la translation de Jérusalem en Galatie s'est faite de son temps, car il faut croire que la Sainte Tunique a été cachée pendant tout le temps de sa vie avant qu'elle fût trouvée en Zaphat, puisqu'elle était tellement égarée que personne ne pouvait avoir mémoire du lieu où elle avait été mise, ce qui marque un temps immémorial.

De cette raison il faut aussi conclure que la Sainte Tunique inconsutile de Notre Seigneur n'a point longtemps demeurée en la ville de Jérusalem, puisque selon Baronius, Grégoire de Tours a terminé son histoire l'année 595 et il est mort la même année, ou selon notre Guénébrard, en l'an 600.

(1) Guenebrard, lib. 3 Chronol. an. 590 p. 575.
(2) Grég. Tur. *Liber. miracul.* cap. 8. Baronius anno Christi 34 n. 138.

CHAPITRE SEIZIÈME

Suite du chapitre précédent : La Tunique Inconsutile de Notre-Seigneur n'est point à Trèves ni à Rome.

La vérité du chapitre précédent, confirmée par tant d'auteurs, fait assez voir la fausseté de l'opinion de certains qui croient que la Tunique inconsutile de Notre-Seigneur est gardée à Trèves. Il est néanmoins à propos de mettre ici au jour les raisons qui convainquent cette opinion de fausseté.

Il est certain que la relique de Trèves paraît aussi fabuleuse qu'on l'examine de près sous le titre de tunique inconsutile ; puisque selon du Saussay en son Martyrologe de France, *Idibus Januarii et 6º kalend. martii*, item *Panoplia sacerdot. Pars, a lib. 7 de Cappâ*; Crapolius en son livre des saints de l'Allemagne, *littera M et titulo S. Mathias apostolus pag. 104*, édit. Colon. ann. 1592; un petit livre imprimé à Trèves, par la permission de Jean Galles official de la même ville, en l'an 1655, et plusieurs autres auteurs modernes qui parlent de la relique de Trèves, selon, dis-je, toutes ces autorités et la confession de ceux de Trèves, la sainte relique qu'ils disent avoir ne peut point être la Tunique inconsutile, parce qu'ils disent que sainte Hélène, mère du grand Constantin, a apporté de Jérusalem à Rome la relique qu'ils possèdent maintenant, sous le titre de Tunique inconsutile chez du Saussay et, selon d'autres, de *Toga inconsutilis*, et qu'elle l'envoya à Trèves avec plusieurs autres reliques par les mains de saint Agrice qu'elle avait fait consacrer archevêque de la même ville, qui enferma ce saint Vêtement dans un autel derrière le chœur de la nouvelle église qu'il fit bâtir, et Jean, archevêque, premier du nom, l'y trouva le premier jour de mai de l'an 1196.

Mais ou il faut de nécessité dire que ce vêtement de Notre-Seigneur porté à Trèves par sainte Agrice n'est point la Tunique inconsutile dont les prophètes et l'Evangéliste font une mémoire particulière et qui fut tirée au sort sur le Calvaire par les quatre bourreaux, mais un autre vêtement, ou bien il faut dire que s'ils ont possédé ce précieux trésor, ils ne le possèdent plus maintenant.

La raison de cette conséquence est que selon la confession de ceux de Trèves, même en leur imprimé cité ci-dessus, sainte Hélène envoya cette relique à Trèves à son retour de Jérusalem qu'ils mettent en l'an 327 et elle est décédée l'an 330 âgée de quatre-vingts ans selon Baronius. Cela supposé, comment se peut-il faire que la Tunique inconsutile de Notre-Seigneur, ait toujours été conservée à Trèves depuis ce temps et que cependant cette même tunique ait été trouvée à Zaphat, selon le rapport de Grégoire de Tours et des autres auteurs, l'an 594, c'est-à-dire deux cent soixante-sept ans après qu'elle fut envoyée à Trèves ; cela est inconcevable et impossible en même temps. Il faut donc dire ou que le témoignage de Grégoire de Tours et des autres auteurs fort anciens est faux, et celui des chanoines de Trèves qui est fort moderne est véritable ; ce qui n'a aucune apparence ; car jamais Grégoire de Tours n'a été repris de fausseté en ce point, et à qui croire d'une histoire, sinon à ceux qui ont été contemporains de l'action qu'ils écrivent ? ou que Grégoire de Tours et ceux de Trèves parlent de deux vêtements différents de Notre-Seigneur ce qui est la pure vérité ; ou que s'ils parlent tous de la Tunique inconsutile, tirée au sort sur le Calvaire, il faut dire qu'elle n'a guère demeuré à Trèves puisqu'elle a été trouvée à Zaphat deux cent soixante-sept ans après y avoir été portée, car nous supposons ce récit de Grégoire de Tours véritable comme il l'est aussi, et que par conséquent ceux de Trèves ne l'ont plus, puisqu'ils en ont été dépouillés, s'ils l'ont eue.

Cependant ceux de Trêves assurent que la relique du vêtement de Notre Seigneur, qui leur fut envoyée par sainte Hélène, ne leur a jamais été enlevée, ils la montrent encore assez fréquemment, il reste donc maintenant à dire que la sainte Robe de Trêves et celle qui a été trouvée à Zaphat sont deux vêtements différents, car il est impossible qu'une même chose soit naturellement en même temps en deux divers lieux éloignés comme sont Trêves et Zaphat : en effet c'étaient deux vêtements différents.

Ceux de Trêves assurent dans leur petit imprimé de l'an 1655 cité ci-dessus que la relique qu'ils possèdent n'est point la tunique qui touchait la chair de Jésus-Christ immédiatement ni celle de dessus, mais un véritable et long habit que Jésus-Christ portait entre sa Tunique inconsutile et le vêtement de dessus ; et par conséquent le vêtement de Notre-Seigneur qui est à Trêves ne peut point être la Tunique inconsutile dont saint Jean fait une mention très particulière en son dix-neuvième chapitre et qui fut réservée entière pour être tirée au sort par les quatre soldats qui crucifièrent Notre-Seigneur, puisque selon le témoignage des interprètes, la Tunique inconsutile n'était point celle qui était ni dessus ni au milieu, mais celle qui touchait immédiatement la chair et qui servait de chemise à Notre-Seigneur et *erat et loco suburculæ*, dit Eutymius et les autres.

Le nom dont se servent les partisans de Trèves montrent encore cette vérité assez clairement ; ils l'appellent *Toga inconsutilis*, jamais le Saint-Évangéliste ne s'est servi du mot *Toga*, pour exprimer la tunique tirée au sort sur le Calvaire, mais du mot tunica en latin ou du grec χιτων et non pas ιματιον qui signifie toga.

Il est certain que le vêtement toga n'était point une tunique servant de chemise, mais un grand vêtement extérieur, comme dit le petit imprimé cité plus haut, duquel vêtement les Romains étaient appelés Togati et les grecs Palliati selon l'autorité de Virgile, Æneid. 8 lib.

Romanos rerum dominos gentemque togatam et selon l'autorité de l'orateur romain en son oraison contre Pison, en laquelle parlant de son vêtement extérieur, qui ne se mettait qu'en temps de paix chez les Romains, il profère ces termes : *non dixi hanc togam qua sum amictus*, en montrant son vêtement extérieur, *nec arma scutum et gladium unius imperatoris, sed quod pacis est insigne et otii toga.* La Judée étant sous la loi des Romains usait des mêmes espèces d'habits qu'à Rome, c'est pourquoi il ne faut pas s'étonner si la tradition porte que Notre-Seigneur avait la robe appelée

---

(1) *In libello pluries jam citato* et du Saussay, *Panopl. sacerd. lib. 7, de cappa.*

Toga et s'en servait pendant toute sa vie, car étant un vêtement de paix, comme nous venons de dire, il devait s'en servir puisqu'il avait apporté une si bonne paix en naissant par tout l'univers, « *Toto orbe in pace composito* », qu'elle y dura pendant toute sa vie ; outre qu'il était lui-même le roi de paix : « *factus est in pace locus ejus et habitatio ejus in Sion.* » Il faut donc que ceux qui confondent la Tunique inconsutile avec cette robe, Toga, en fassent une distinction parfaite, s'ils ne veulent demeurer dans leur erreur et donner à Trèves ce qu'ils n'ont pas et leur donner ce que la tradition porte qu'ils possèdent depuis un si long espace de temps. En même temps Jean Calvin trouvera la solution à sa difficulté, la lumière à son erreur et le respect contre les blasphèmes qu'il a vomis contre l'Eglise catholique à ce sujet, pourvu qu'il veuille admettre cette distinction véritable et raisonnable.

Quoique Jean diacre en son Catalogue des Reliques de Latran (1), fasse mention d'une Tunique inconsutile, faite par les mains de Notre-Dame, il ne faut pas croire que ce soit celle dont j'ai entrepris ici l'histoire et qui fut ôtée à Notre-Seigneur sur le Calvaire, car les personnes dignes de foi qui ont vu celle de Rome disent qu'elle est de lin et si petite qu'il paraît visiblement que Notre-Seigneur

---

(1) Joann. diac., *in Libello de Basilica Laterana.*

ne s'en est servi que pendant le temps plus tendrelet de sa première année, et au contraire celle qui est dans le prieuré de l'Humilité de Notre-Dame d'Argenteuil est celle qui servait à notre Sauveur au temps de sa passion, à l'âge de trente-trois ans et qui est grande par conséquent.

CHAPITRE DIX-SEPTIÈME

La Tunique Inconsutile de Notre-Seigneur est apportée en France

Notre France a souffert assez longtemps l'absence de la Tunique inconsutile de Notre-Seigneur qui lui appartenait comme la dépouille du Père appartient à la fille aînée ; je veux que, jusques à présent, ce précieux héritage ait été comme un dépôt entre les mains de l'Eglise universelle qui était la tutrice et mère de notre Eglise gallicane, pendant qu'elle était encore jeune et tendrelette ; elle est maintenant émancipée ; il est temps qu'elle possède l'héritage que Jésus-Christ notre Père et Seigneur lui a laissé.

Dieu donc voulant mettre notre France en possession d'un si grand trésor lui donna un roi et empereur qui surpassait autant les autres rois et empereurs chrétiens que le soleil surpasse les autres astres. Ce pieux et saint empereur, saint Charlemagne, était tellement affectionné aux saintes reliques et particulièrement à celles de Notre-Seigneur, qu'il les recevait comme les présents les plus précieux qu'on pût lui faire; il prenait même la peine d'en faire une exacte recherche et les plus grands princes et souverains monarques de l'univers sachant son inclination lui en envoyaient à l'envi les uns des autres pour se gagner son affection.

La prose qui se chante à la messe les fêtes de la sainte Tunique et qui est d'impression très ancienne, étant de l'an 1505, appuyée sur les lettres fort anciennes qui furent trouvées dans la châsse de la sainte Tunique inconsutile, dans Argenteuil, l'an 1156, selon le témoignage de Robert du Mont et d'autres auteurs « *sicut litteræ cum ea repertæ indicabant* », disent que notre pieux roi et empereur saint Charlemagne tira la sainte Tunique du pays des Gentils pour la faire venir en France.

C'est en la neuvième et dixième strophe de la même prose; et André Favin, avocat au Parlement de Paris, en son *Histoire de Navarre* (2), dit que l'impératrice Irène envoya la Tunique incon-

---

(1) Robertus de Monte. *Append. ad Chronic. Sigeberti.*
(2) Imprimée en 1612.

sutile à Charlemagne et qu'elle la tira à cet effet de l'église des Saints Archanges de la ville de Galatha.

IX

Quam ab oris gentilium
Imperator Fidelium
Carolus extraxit.

X

Regno gestante lilium
Per virtutis auxilium
Hæc famam protraxit.

IX

Charlemagne, empereur des Fidèles, la tira des pays des Infidèles.

X

La Tunique se renomma par toute la France par les miracles que Dieu opérait par elle.

Il est maintenant question de déterminer quel pays est entendu par ces mots : « *ab oris gentilium,* » du pays des Gentils. Pour moi, je puis dire avec exactitude que cet « *oris gentilium* » doit s'entendre de la ville de Galatie où nous avons dit dans un des précédents chapitres que la sainte Tunique a été transférée, après avoir été portée de Zaphat à Jérusalem ; car elle est demeurée au même lieu depuis ce temps-là jusques à celui de saint Charlemagne, qui reçut ce précieux trésor de la gratification que l'empereur d'Orient ou de Constantinople lui en fit conjointement avec sa mère, l'impératrice Irène, qui aspirait même au lit nuptial de notre Empereur, si Constantin Copronyme, son fils, n'en eut rompu l'effet de ses prétentions.

Pour entendre comme quoi la ville de Galatie, qui est proche de Constantinople, était de la gentilité, il faut savoir que le mot de Gentils se prend en diverses acceptions. Premièrement, il est pris pour des idolâtres qui n'ont jamais reconnu la véritable divinité ; c'est en ce sens que saint Paul le prend, lorsque menaçant les Juifs de les abandonner, il leur dit qu'il allait les quitter pour aller aux Gentils annoncer la foi chrétienne : « *ex hoc ad gentes vadam.* » Auquel sens, il n'est point entendu en ce verset *ab oris gentilium*, puisque Constantinople et toute la Grèce avaient reçu la foi et faisaient profession de christianisme, quoique avec erreur.

Secondement, on entend ce mot Gentil pour tout autre peuple que celui d'Israël, comme il paraît par ces paroles de l'Epître aux Romains : « *An Judæorum Deus tantum, nonne et gentium? imo et gentium,* » et dans l'Epître aux Galates, saint Paul reprenant saint Pierre dit qu'il voulait introduire les façons de faire des Juifs parmi les Gentils : « *Quomodo gentes cogis judaïzare ? nos natura Judæi et non ex gentibus peccatores.* » En ce sens on doit vérifier ce mot de gentil de la Galatie, qui est en Grèce, proche de Constantinople, n'en étant qu'à quinze cents pas selon André Favin dans son *Histoire de Navarre* et assez éloignée de la terre de la Judée.

Troisièmement, l'Eglise usurpe ce mot de gentils pour toutes les nations qui ne sont point de son corps et qui ne rendent point obéissance à ses lois, auquel sens tous les hérétiques sont gentils, car comme dit saint Augustin, un Ethnique est un Gentil; un Gentil est celui qui ne croit point en Jésus-Christ : « *Ethnicus gentilis est; gentilis ille est qui in Christum non credit* » (S. Aug., Homél., 28. t. 10). Et celui-là est dit ne pas croire en Jésus-Christ, lequel ayant connaissance de tous les articles de la foi en rejette quelques-uns, se séparant ainsi du corps de l'Eglise, parce que *Bonum ex integra causa, malum ex quolibet minimo defectu;* le bien ne souffre aucune défectuosité. *Qui peccat in uno omnium factus est reus.* Et en ce troisième sens, on peut dire que la ville de Galata était de la gentilité, lorsque on en a tiré la sainte Tunique pour l'apporter en France, puisque étant proche de Constantinople, elle était aussi sous les lois de l'empereur Constantin Copronyme et Caballine, qui était de la secte des Iconoclastes ou briseurs d'images ; en cette qualité il faisait abattre et briser toutes les images sacrées qu'il pouvait rencontrer, condamnant leurs défenseurs aux tourments et aux supplices ; en cela donc, il était gentil, parce qu'il était séparé de l'Eglise catholique et, par conséquent, on pouvait appeler les terres de sa domination *ora gentilium*, le pays des gentils, parce qu'on y forçait ceux qui habitaient de renoncer en ce point à l'Eglise catholique et universelle.

L'incomparable empereur Charlemagne, apportant ce vénérable trésor en France, passa par une certaine ville du Limousin, appelée Liguedo ou Leusson, dans laquelle il séjourna, et au rapport de certains mémoires que j'ai vus, Notre-Seigneur y opéra grande quantité de miracles par la vertu de sa sainte Tunique inconsutile pendant les six mois de séjour qu'il y fit. Un enfant mort y reçut la vie. Cinquante personnes affligées de diverses maladies incurables et plusieurs fébricitants y recouvrèrent la santé. Douze démoniaques furent délivrés ; huit malades, quinze paralytiques, quatorze boiteux, trente muets, cinquante-deux contrefaits, soixante-cinq malades d'écrouelles furent guéris. Dieu honorait ainsi par une multitude de miracles les premiers abords que la sainte Tunique de son Fils fit en notre France; de là, le pieux empereur l'apporta dans Argenteuil, comme je vais dire au chapitre suivant.

CHAPITRE DIX-HUITIÈME

L'Empereur Charlemagne donne la Sainte Tunique Inconsutile de Notre-Seigneur au prieuré de l'Humilité de Notre-Dame d'Argenteuil.

Ayant jusques ici tiré la sainte Tunique inconsutile de Notre-Seigneur des pays infidèles et l'ayant fait venir en France, il est à propos que nous la laissions un peu reposer, pendant que nous jetterons une œillade sur le lieu auquel elle doit être mise.

Entre la rivière de Seine et le village de Cormeille en Parisis, il y avait anciennement un bois, lequel tirant son nom du village plus prochain s'appelait la forêt de Cormeille, qui est présentement tout essarclée et défrichée. Ce bois regardait la ville de Paris à son midi et le village que nous venons de nommer au septentrion.

Ce bois de Cormeille appartenait ou en entier

ou en partie à un pieux gentilhomme du pays appelé Ermenric qui avait épousé une dame qui ne lui cédait point en piété ; elle avait nom Mumana. Ces deux pieux époux firent bâtir un petit monastère à une portée de fusil de la rivière de Seine qui vient se détourner pour en quelque façon saluer la place où le monastère est construit dans un fond qui appartenait au même seigneur Ermenric et lequel, conjointement avec son épouse Mumana, fit une donation de ce petit monastère dédié à l'Humilité de Notre-Dame à la célèbre abbaye de Saint-Denis en France, nouvellement fondée par le roi Dagobert, comme il paraît par les lettres de confirmation de cette donation, expédiées par le roi Clotaire III, environ l'an de Notre-Seigneur 665, tirées du cartulaire de Saint-Denis en France.

Ce prieuré fut incontinent possédé et desservi par des moines obédienciers et dépendants de l'abbé de Saint-Denis, de l'ordre de saint Benoît, jusques au temps de Charlemagne, environ l'an 800. Auquel temps le même empereur et roi de France, Charlemagne, connaissant le désir de sa fille Théodrade, fruit de son mariage avec Fastrade, sa seconde ou troisième femme, fille de Raoul, comte de la France orientale, sachant que cette pieuse princesse voulait se consacrer au céleste époux et embrasser la vie évangélique d'une religieuse parfaite, sous la conduite de notre grand Patriarche saint Benoît, la favorisa de tout son possible en son louable dessein. (1)

Trouvant donc le prieuré de la forêt de Cormeilles et sa situation plaisante et bénigne, n'étant qu'à deux petites lieues de Paris, elle supplia le roi son père de vouloir le lui faire donner, pour y mettre une communauté de filles religieuses sous sa conduite en qualité d'abbesse. Le roi se chargea lui-même de cette affaire et le demanda à l'abbé et aux religieux de Saint-Denis, qui lui accordèrent par respect, à condition ou qu'on leur donnerait un autre prieuré d'égale valeur en échange et en dépendance de leur abbaye, ou qu'on leur rendrait le même après le décès de Théodrade sa fille, ce qu'il agréa.

L'empereur éleva donc pour lors le monastère du prieuré de Notre-Dame à la qualité et titre d'abbaye, dont il fit sa fille la première abbesse, à l'invitation de laquelle plusieurs dames de la cour se rangèrent au même monastère, quittant leurs délices, richesses et possessions pour embrasser la pauvreté religieuse.

L'abbaye d'Argenteuil étant donc devenue une petite cour par la retraite des personnes de qualité qui s'étaient retirées avec la fille de leur mo-

(1) Voir en appendice quelques notes sur l'histoire du prieuré.

8.

narque, Charlemagne de son côté fit son possible pour rendre le lieu auguste ; car sans parler des superbes édifices qu'il fit bâtir et des grands revenus dont il augmenta notablement le monastère, il y fit apporter plusieurs saintes reliques, entre lesquelles étaient le corps de saint Eugène, qui est maintenant égaré, celui de sainte Christine, vierge et martyre, une des cruches dans lesquelles Notre-Seigneur changea l'eau en vin aux noces de Cana en Galilée et plusieurs autres ; mais particulièrement, il honora le trésor de cette abbaye de la précieuse relique de la Tunique inconsutile du Sauveur, tirée au sort sans être déchirée par les soldats sur le Calvaire et faite des propres mains de la très pure et immaculée Vierge, Mère de Dieu, qui y fut honorée et grandement révérée jusques au temps que les Danois et les Normands ravagèrent la France, comme dit André Favin en son *Histoire de Navarre*.

Cette translation arriva environ l'an 801 selon les auteurs ; en ce temps, Charlemagne fit tout son possible pour rendre la cérémonie auguste et digne d'une relique si vénérable. C'est ce que Hugues d'Amiens, archevêque de Rouen, entend par ces termes de la charte qu'il a laissée au prieuré d'Argenteuil, touchant la cérémonie de l'invention de la sainte Tunique qu'il célébra, comme nous dirons ci-après. Voyez ses termes :

« *quæ* (Tunica) *in ejusdem thesauris Ecclesiæ argentoliensis e temporibus antiquis* (Caroli Magni) *honore condigno reposita erat.* » Ce « *temporibus antiquis* » était entendu de l'espace de trois cent cinquante-cinq ans qui s'étaient écoulés depuis la translation faite par Charlemagne, jusques à l'invention faite au temps de Louis-le-Jeune.

Depuis la fondation du prieuré, on commença à défricher les bois de Cormeille et à y bâtir quelques maisons qui n'avaient point encore de nom particulier, pour déterminer le lieu, sinon les bois de Cormeille. Ces maisons venant à s'augmenter avec les habitants, il fallut une paroisse par conséquent pour leur administrer les sacrements ; on en bâtit donc une, sur le maître-autel de laquelle la sainte Tunique de Notre-Seigneur fut déposée à une heure précisément après-midi, en attendant que les préparatifs fussent achevés pour la cérémonie de la réception d'une relique si vénérable dans l'église de l'abbaye.

En signe de réjouissance, les habitants sonnèrent les cloches de leur paroisse, à l'arrivée de la sainte Tunique inconsutile de Notre-Seigneur, et en mémoire de l'honneur que leur paroisse avait eu de recevoir la première le saint dépôt sur son maître-autel, quoique pour fort peu de temps, ils continuèrent de sonner leurs cloches à la même heure. Cette coutume s'est conservée jusqu'en l'an 1472, que Louis XI, roi de France, commanda qu'on sonna la salutation angélique au matin, à midi et au soir par tout son royaume de France, et pour lors on changea la façon ancienne de sonner en mémoire de la sainte Tunique en celle de la salutation angélique, mais toujours à une heure après-midi, l'heure sonnant, selon l'ancienne coutume, en sorte qu'on ne changea que la façon de sonner et non pas le temps ou l'heure.

Cette coutume a continué paisiblement jusque en l'an 1663 que M. Olivier Blondy, soi-disant curé d'Argenteuil (1), fit omettre de son autorité privée cette louable coutume pour faire sonner l'*Angelus* à midi, précisément comme dans tous les autres lieux du diocèse de Paris. La justice de Mgr Pierre de Camboust de Coislin, évêque d'Orléans et seigneur d'Argenteuil pour lors, en qualité de prieur titulaire du monastère, s'étant aperçue de cette nouveauté, qui allait contre la mémoire de la réception de la Sainte Tunique, donna sentence, par laquelle le dit curé fut contraint de rétablir cette louable coutume le jour de Saint Jean l'Evangéliste de l'année 1666 à son grand regret et commande-

---

(1) Concernant l'administration de ce curé M. Blondy qui fut un peu processif; il existe divers documents entre autres une transaction avec les religieuses Ursulines en date du 28 octobre 1647.

ment au marguillier de la paroisse d'y tenir la main sous peine d'amende. Mais cette sentence étant toujours contredite par les curés et pasteurs de la paroisse qui montaient de temps en temps au clocher pour sonner l'*Angelus* à midi, on en donna avis à Mgr Hardouin de Péréfixe, archevêque de Paris ; après avoir bien examiné le tout et vu la signature et déposition des plus anciens du lieu qui attestaient que la coutume de sonner à une heure précisément était immémoriale et que la tradition portait que a sonnerie à cette heure était en mémoire de l'arrivée de la sainte Tunique, de quoi l'archevêque étant convaincu prit la plume et écrivit de sa propre main l'ordonnance suivante :

Ordonnance de l'Archevêque de Paris pour rétablir la Salutation Angélique à une heure après-midi dans l'église de la paroisse d'Argenteuil.

Sur ce qu'il nous a été représenté par des personnes dignes de foi que c'est de tout temps immémorial que l'on a sonné le pardon à une heure de l'après-midi dans l'église paroissiale d'Argenteuil, nous ordonnons au sieur curé dudit Argenteuil de tenir la main à ce que la coutume ne se change point jusqu'à ce que nous ayons été sur les lieux nous-même, où étant plus amplement informé de la vérité par le témoignage de tous les paroissiens nous en puissions ordonner ainsi que de raison.

Fait à Paris le vingt septième mai mil six cent soixante sept.

Signé : Hardouin, archevêque de Paris.

Cette ordonnance ayant été signifiée au prétendu curé a eu son plein effet.

Pour satisfaire en peu de mots aux questions qu'on fait à ce sujet, c'est-à-dire pourquoi on oblige la paroisse de sonner à une heure précise, puisqu'elle ne possède point la relique, et que dans l'église du prieuré, on ne sonne pas à la même heure, quoiqu'elle la possède ? Mais quoique la paroisse ait quelque chose de commun avec le prieuré, parce qu'elle en dépend, comme le curé dépend du curé primitif, leurs intérêts en cette matière et occasion sont bien différents ; car la paroisse sonne à une heure parce, qu'elle a possédé la sainte Tunique à la même heure privativement au prieuré qui ne l'a possédée qu'après ; ce n'est point au prieuré de se réjouir de l'honneur que la paroisse a reçu, mais c'est à la paroisse à se réjouir de l'honneur du prieuré duquel elle dépend. Ce son de cloche à une heure est un signe commémoratif du plus grand honneur que la paroisse d'Argenteuil ait jamais possédé, tant à cause de la relique qui lui a été confiée qu'à cause du plus grand monarque de toute la chrétienté qui l'a honorée de sa présence, lorsqu'il plia les genoux devant le Maître-Autel pour y rendre ses adorations à la Sainte Tunique qu'il y avait fait apporter. Si les pierres et les murailles de cette église pouvaient avoir du sentiment et de la parole, elles se plaindraient du tort qu'on leur veut faire, voulant ôter la sonnerie de l'*Angelus* à une heure pour la mettre à midi ; car par ce moyen elles prévoiraient bien qu'on perdrait bientôt la mémoire du jour qui leur a été le plus glorieux et du moment qui les a plus honorées. Retournons au fil de l'histoire.

La sainte Tunique de Notre-Seigneur, ayant été posée en la paroisse, on disposa au monastère tous les préparatifs nécessaires pour dignement célébrer la cérémonie de la réception d'une relique si précieuse et ensuite on l'y transporta avec toute la pompe et magnificence requise à une si grande relique. C'est ce que fait entendre la charte de l'archevêque de Rouen par ces mots : « *Quæ a temporibus antiquis honore condigno in ejusdem thesauris Ecclesiæ reposita erat.* »

Quatre témoignages font foi de ceci. Le premier est celui de la tradition immémoriale du lieu ; le second est la salutation angélique sonnée dans la paroisse d'Argenteuil à une heure de l'après-midi en mémoire de la réception de la sainte relique ; le troisième est celui des historiens, savoir André Favin dans son *Histoire de Navarre*, Dupréau et plusieurs autres anciens et modernes écrivains. Le quatrième est le témoignage de l'archevêque de Rouen que je viens de citer en la charte de la sainte Tunique. J'en ajouterai un cinquième qui est celui de la prose qui se chante à la messe de la sainte Tunique.

Ce fut à cette occasion que le bourg d'Argenteuil prit ce beau nom qui lui a été donné, selon le témoignage de quelques-uns, à cause de la belle châsse d'argent en laquelle la Tunique inconsutile était conservée, en sorte que le mot de *Argentolium* est tiré de ces deux mots *ex argento loculus*; c'est aussi le sens de la onzième strophe de la prose que je viens de citer.

XI

Ab argento sumpsit nomen
Oppidum, quod dedit numen
Sacram collocari.

Le Bourg auquel Dieu a fait mettre la sainte Tunique a pris son nom de l'argent.

XII

Ubi gratis dat juvamen
Christicolis hoc velamen
Dignum decorari.

Où ce saint vêtement, digne de tout honneur, secourt tous les fidèles.

Pour montrer évidemment que cette relique,

mise dans Argenteuil, était la Tunique inconsutile de Notre-Seigneur qui ne fut point déchirée, mais tirée au sort par les soldats sur le Calvaire, je rapporterai ici l'autorité de la prose et celle de Dupréau.

Hanc milites rapuerunt
Et sortem super miserunt
Nolentes partiri.

Les soldats la prirent et la tirèrent au sort, ne la voulant point déchirer.

VIII

Nam quod vates prædixerunt
Hoc ignari perduxerunt
Effectum sortiri.

Car ils ont accompli sans savoir ce que les prophètes ont prédit.

XVII

Ut vere Christi Tunicam
Quam Mater egit unicam
Fidelis confidat.

Afin que le fidèle ait ferme confiance que c'est l'unique Tunique que la mère de Jésus lui a faite.

Dupréau en son *Histoire de l'Estat et succès de l'Eglise* en l'an de Notre-Seigneur cinq cens nonante deux, imprimée à Paris l'an 1581, confirme cette prose :

La Robe de Notre-Seigneur, dit-il, ce sont ses propres termes, sur laquelle les gens d'armes, Notre-Seigneur étant sur la croix, jetèrent le sort à qui elle adviendrait d'entre eux, fut trouvée en ce temps-là en la ville de Zaphat en une arche de marbre, disent Abbas Urspergensis (1) et Naucler, (2) et depuis transportée à Jérusalem (*Fasciculus temporum*) et de là après à Argenteuil près Paris. (*Les Annales de France*).

Plusieurs autres auteurs disent la même chose ; mais je les omets pour éviter la prolixité.

La sainte Tunique fut un assez longtemps exposée aux adorations publiques dans le prieuré d'Argenteuil, dans lequel elle éclatait en merveilles et en miracles, donnant assistance à tous les affligés, comme on peut voir dans la strophe douzième de la prose que j'ai citée cy-dessus.

---

(1) Conrad de Lichtenau (1172-1240), abbé d'Auesperg, moine Prémontré a donné une Chronique, compilation des auteurs précédents ; elle va de Ninus roi des Ossyriens à la neuvième année de Frédéric II, c'est-à-dire en 1229.

(2) Jean de Vergen dit Nauclerus (1430-1510). Prévôt de Tubingue et recteur de l'Université a écrit en latin une chronique universelle qui du commencement du monde va jusqu'au seizième siècle. (2 vol. in-fol. Cologne 1564). *Memorabilium omnis ætatis et omnium gentium chronici commentarii*.

CHAPITRE DIX-NEUVIÈME

La Sainte-Tunique de Notre-Seigneur est cachée ; le monastère est détruit et déserté et rétabli peu après ; les religieuses sont chassées et les religieux de Saint-Denis rétablis.

Ce soleil éclatant en miracles, la sainte Tunique sans couture de Notre-Seigneur, rencontra par après des nuages qui la firent éclipser. Au bruit de la descente des Danois et des Normands en France, sous le règne de Charles-le-Chauve, les religieuses furent contraintes de cacher la sainte Tunique, pour la préserver des mains de ces impies, qui pardonnaient moins aux choses sacrées qu'aux profanes, et elles désertèrent toutes leur monastère.

Les Barbares, arrivant au prieuré, le pillèrent, brisèrent, saccagèrent et renversèrent ez pieds rez terre tant l'église que les autres bâtiments, de telle sorte que Helgaldus, moine de Fleury, parlant de la restauration que la reine Adélaïs ou Alice, femme de Hugues Capet et mère du roi Robert, en fit, dit qu'elle construisit tout le monastère de nouveau environ l'an mille. « *Construxit et monasterium in territorio parisiensi, villa quæ dicitur Argentoïlus, ubi numerum ancillarum Domini non minimum sub nomine sancti Benedicti vivere paratas adunavit; ad laudem et gloriam bonorum omnium in spiratoris, id est, Spiritus Sancti, et sub honore sanctæ Dei Genitricis et perpetuæ virginis Mariæ omnipotenti Domino dedicari et consecrari voluit* (1).

Après la restauration et la dédicace de l'Eglise et du monastère sous le patronage de l'unique vierge Mère de Dieu, cette pieuse reine y assembla un bon nombre de religieuses sous la règle de saint Benoist.

Mais ce sexe féminin très fragile ne demeura guère à corrompre le bon ordre qui y avait été rétabli avec elles, en sorte que vivant au grand scandale du voisinage en toutes sortes de licence et libertinage, le grand Suger, abbé de Saint-Denis et ministre d'Etat sous le règne du roi Louis-le-Gros, prit occasion de ce mal pour faire entrer son abbaye dans son ancien droit sur le monastère d'Argenteuil. Il représenta donc le désordre de cette

---

(1) Helgaldus floriac. Monach. *Epitome vitæ Roberti regis.*

maison avec son bon droit à l'assemblée du clergé de France, qui se tenait à Paris et à laquelle Mathias, évêque d'Albano, présidait, faisant voir que ses prédécesseurs n'avaient consenti à la séquestre du prieuré d'Argenteuil pour être donné aux filles qu'à condition qu'on le rendrait à l'abbaye de Saint-Denis après le décès de la fille de Charlemagne, ou du moins qu'on donnerait un autre monastère en récompense et dépendance à la même abbaye de Saint-Denis et qu'aucune de ces deux conditions n'ayant point encore été accomplie, il était dans le cas de représenter son droit et de répéter ce qui appartenait à son abbaye; en confirmation de quoi ayant produit la charte de Louis-le-Débonnaire et quelques autres, l'assemblée du clergé conclut en sa faveur, donna sentence qui fut confirmée par le brevet du roi Louis-le-Gros pour faire sortir les filles et y rétablir en possession les religieux de Saint-Denis; ce que plusieurs papes approuvèrent aussi par leurs bulles expresses à la condition néanmoins que l'abbé Suger pourvoierait de telle sorte aux religieuses qu'elles ne demeurassent point vagabondes parmi les gens du siècle et dans des maisons séculières (1).

(1) Suger : *de Rebus in suâ administratione gestis*; Guillelmus de Nangis; Souchet : *Observationes ad Yvonem Carnot. episcop.*

Suger, pour satisfaire à cette condition, mit une partie de ces religieuses dans l'abbaye de Footel, dédiée aussi à Notre-Dame et dite le Bois-aux-Dames lez malnoë, en latin *Malanoda*. Cette bande de religieuses emporta avec soi la cruche qui était une de celles dans lesquelles Notre-Seigneur changea l'eau en vin aux noces de Cana.

L'autre partie suivit la religieuse Héloïse, qui avait été auparavant épouse de Pierre Abailard ; elle l'alla trouver avec sa bande au Paraclet qui est une petite abbaye qu'il avait fait bâtir proche de Troye en Champagne (1). Pierre Abailard quitta aussitôt son monastère à son épouse et à sa suite, se retirant dans l'ordre de Cluny où après quelques années d'une rude et sévère pénitence, il décéda au monastère de Châlons-sur-Saône en odeur de sainteté, comme on peut voir dans les éloges que Pierre-le-Vénérable lui donne en une de ses épitres (2).

Les religieuses donc étant ainsi pourvues, Suger établit une communauté de ses religieux dans le prieuré d'Argenteuil en la même année 1129.

(1) Du Breuil, *Antiquit. Paris.* liv. 4.
(2) Petrus venerabilis. Epist. 20.

CHAPITRE VINGTIÈME

La Tunique Inconsutile de Notre-Seigneur est retrouvée dans Argenteuil

L'espace de vingt-sept ans s'écoula depuis que l'abbaye de Saint-Denis en France fut remise en possession du prieuré d'Argenteuil, sans que les religieux du monastère eussent la moindre connaissance du lieu où la sainte Tunique était cachée. Dieu avait réservé la révélation de ce secret à un saint religieux de la communauté du Prieuré.

Le temps donc étant venu que Dieu avait préordonné pour découvrir encore une fois ce trésor caché, comme ce bon religieux était une nuit en oraison (1), en l'année 1156, Notre-Seigneur lui découvrit en révélation secrète le lieu où ce soleil

---

(1) « Revelatione divina » Mathæus VVuestmonasteriensis *In floribus historiarum* et alii historici.

demeurait éclipsé et où ce précieux trésor était caché depuis le sac et le pillage des Normands; à cet effet, il lui envoya un ange pour le bien informer de tout, lequel lui donna cette adresse pour la trouver plus facilement qu'il prit garde au lieu qu'une lumière céleste marquerait dans la muraille et qu'il trouverait infailliblement la sainte Tunique inconsutile.

Le religieux, connaissant par expérience que la révélation était de Dieu, va au lieu qui lui avait été désigné par l'ange et il vit une lumière céleste qui lui marquait par un de ses rayons la place qu'il y devait creuser pour y trouver la relique de Notre-Seigneur. Il en avertit aussitôt son supérieur qui fit creuser au lieu que le bon religieux lui marqua et on y trouva, en effet, ce qu'il avait appris par révélation divine. On ouvrit le coffre qui enfermait la sainte relique en présence d'un grand nombre de personnes et on trouva dans le même coffre des titres anciens et authentiques qui faisaient foi de la relique, du lieu d'où elle avait été tirée, qui l'avait apportée et en quel temps. Les historiens font foi de ceci, entre lesquels Robert du Mont dit ces mots: « *Sicut litteræ cum ea repertæ indicabant* »; Mathieu Paris et Mathieu Vuistmoustier disent la même chose (1).

(1) Robertus de Monte. *Appendix ad Sigebertum*.

Voilà comme la sainte Tunique inconsutile de Notre-Seigneur a été découverte, après avoir été cachée depuis environ l'an 884 ou 885, qui fut l'année du pillage des Normands, jusques en l'année 1156, qui font l'espace de deux cent soixante et douze ou treize ans. C'est pourquoi il faut conclure que la sainte Tunique ne fut exposée au public dans Argenteuil, depuis qu'elle y fut apportée par Charlemagne jusques au pillage et sac arrivés par les Normands, que l'espace de quatre-vingt trois ou quatre ans, car le reste du temps, jusques en l'an 1156, elle a toujours été cachée. C'est ce que veulent dire la treizième et quatorzième strophes de la prose :

XIII

Guerrarum per intervalla
Vestis muro latens illa
Stat nullo sciente.

Elle demeura cachée dans un mur pendant le temps des guerres sans que personne en eut connaissance.

XIV

Unde fulgent miracula
Monacho per oracula
Angelo dicente.

D'où plusieurs prodiges éclatèrent après qu'un ange en eut donné la révélation à un religieux.

Ansoldus, troisième prieur d'Argenteuil, depuis que les moines de Saint-Denis furent rétablis au prieuré par Suger, ayant fait une rencontre si heureuse, en donna aussitôt avis à Odon de Deuil, trente-deuxième abbé de Saint-Denis, son supérieur ; ayant appris la vérité bien au long, Odon en donna avis au roi Louis-le-Jeune, septième du nom, le conviant d'honorer la cérémonie de sa présence et Hugues d'Amiens, son bon ami, d'y faire la cérémonie, car il était archevêque de Rouen.

Le jour destiné étant venu, le même archevêque accompagné de plusieurs autres archevêques, évêques, abbés et de plusieurs personnes ecclésiastiques se transporta à Argenteuil pour y faire la cérémonie, en présence du roi, de toute la cour et d'une foule incroyable de peuples de tous côtés, auxquels Hugues d'Amiens, archevêque de Rouen, exposa la sainte Tunique de Notre-Seigneur à découvert et permis à un chacun de la considérer et de lui rendre ses adorations, avant que de la renfermer dedans la châsse.

Après la cérémonie, Hugues de Rouen donna un acte de sa propre main pour laisser à la postérité la mémoire d'une cérémonie si célèbre et en fit le rapport entier à son ami Robert du Mont, abbé du Mont Saint-Michel, qu'il allait souvent visiter à son abbaye, où il faisait quelquefois ses retraites spirituelles.

Copie fidèle du titre donné au Prieuré d'Argenteuil, par Hugues d'Amiens, archevêque de Rouen, en mémoire de la cérémonie qu'il y a faite de l'invention de la sainte Tunique inconsutile de Notre-Seigneur, tirée mot pour mot de l'original sain et entier.

Universis catholicæ Ecclesiæ patribus reverendis H. Rhotomagensis Ecclesiæ humilis sacerdos salutem et gratiam divinæ propitiationis.

Ad omnium volumus notitiam pervenire, quod nos supernæ pietatis instinctu apud Argentoïlum convenientes, adjunctis humilitati nostræ multis autenticis et reverendis personis Archiepiscopo Senonensi, Theob. Parisiensi, Roberto Carnotensi Aurelianensi, Trecensi, Autisiod, Cathalaunensi Ebroacensi, Meldensi, Silvanectensi Episcopis sanctis, Abbatibus quoque venerabili Odone abbate beati Dyonisii, T. Sancti Germani, God. Latiniacensi, Ferrariensi, Fossatensi, Sancti Pharonis, sancti Maximini, sancti Maglorii, Pontisiarensi, Mauriniacensi, aliis etiam quam pluribus, Cappam pueri Domini Jesu, quæ in ejusdem thesauris Ecclesiæ a temporibus antiquis honore condigno reposita erat, ad fidelium salutem humiliter inspeximus et palam eduximus et veneratione solemni debitam ejus magnificentiæ reverentiam exibentes, Illam desiderio et devotioni populorum studio pietatis obtulimus. Aderat ibidem supereminens et sublimis præsentia Illustris Francorum regis Ludovici cum proceribus et optimatibus palatinæ dignitatis, maxima consistente frequentia vulgi.

Ob insigne igitur gratiæ cœlestis illud videlicet indumentum quo sese humanata induere sapientia dignata fuit et ob sanctissimam Episcoporum Patrum præsentiam, Deo propitio, salubri dispositione decretum est ut omnibus ibidem venientibus supernæ miserationis gratiam poscentibus merces et fructus suæ devotionis in indulgentia veniæ compensetur. Quicumque igitur hoc præsenti anno in loco prænominato in honorem dominicæ vestis propriam servitutem et devotionem obtulerint, nos omnibus illis de clementiæ cœlestis plenitudine confisi, si peccatis gravioribus et maximis impliciti fuerint, unius anni pœnitentiam relaxamus. Qui vero levibus id est venialibus detinentur medietatem pœnitentiæ remittimus, oblita peccata modo simili condonamus. Annis vero singulis a festivitate sanctissimi Dyonisii usque ad octabas ejusdem, loci ipsius et sacratissimæ vestis venerationem pie invisentibus quadraginta dies suæ pœnitentiæ remittimus, et indulgemus. De parvulis qui baptisati vel sine baptismi remedio infra septem annos per negligentiam parentum mortui sunt, totam pœnitentiam parentibus eorum remittimus, excepta feria sexta in hebdomada in qua etiam die si ad Ecclesiam pœnitens perrexerit qua-

lem ei caritatem presbyter dederit talem habeat. Si vero infirmus fuerit aut mulier prægnans vel debilisque jejunare non possit dicat septies Pater noster et opere pio bonum exerceat, quod potuerit. Omnibus autem hæc et quæ justa sunt conservantibus sit pax et salus Domini nostri Jesu Christi. Amen. Anno verbi incarnati millesimo centesimo quinquagesimo sexto felicis memoriæ Adriano papa quarto feliciter.

LE MÊME TITRE EN FRANÇAIS

A tous les révérends Pères de l'Eglise catholique H. humble prêtre de l'église de Rouen salut et grâce de la divine propitiation.

Nous voulons que chacun sache que nous étant transporté à Argenteuil par l'instinct de la piété d'en haut et avec notre humilité plusieurs personnes authentiques et vénérables l'archevêque de Sens, Thibault évêque de Paris, Robert évêque de Chartres, les saints évêques d'Orléans, de Troye, d'Auxerre, de Châlons, d'Evreux, de Meaux, de Senlis et les abbés suivants aussi, le vénérable Odon abbé de Saint-Denis, T. de Saint-Germain, God. de Lagny, de Ferrières, de Saint-Maur-des-Fossés, de Saint-Pharon de Meaux, de Saint-Maximin, de Saint-Magloire, de Pontoise, de Maurigny et plusieurs autres, nous avons vu avec humilité et considéré la Tunique de l'Enfant Jésus, laquelle avait été mise dans le trésor de la même église depuis une longue antiquité avec un honneur considérable et digne d'une si grande relique et cela pour le salut des fidèles ; nous l'avons publiquement tirée en lui rendant la révérence due à sa magnificence par un respect et honneur solennel, nous l'avons présentée au désir et à la dévotion des peuples par un motif de piété.

La présence élevée et suréminente de Louis illustre roi de France y assistait avec les principaux du Royaume et les plus notables personnages de la dignité palatine. Il y avait aussi une très grande assemblée de la populace.

A cause donc de cette marque de la grâce céleste, c'est-à-dire de ce vêtement dont la sagesse humanisée a daigné se vêtir, et en considération de la très sainte présence des Pères Evêques, il a été décidé par une salutaire disposition que, Dieu nous étant propice, nous récompensions par indulgence de pardon ceux qui viendront en ce lieu et qui y demanderont la grâce de la miséricorde, qui offriront leur service et dévotion cette année en ce lieu sus-nommé en l'honneur du vêtement de Notre-Seigneur ; nous confiant donc en la plénitude de la clémence céleste, nous leur accordons à tous et relachons à ceux qui ont commis des péchés graves la pénitence d'une année, et la moitié de la pénitence à ceux qui n'ont commis que des fautes légères, c'est-à-dire des péchés véniels, nous leur pardonnons semblablement les péchés oubliés. Tous les ans nous remettons quarante jours de pénitence à ceux qui visiteront la très-sacrée Tunique par respect et honneur depuis la fête de saint-Denis jusqu'à son Octave. Pour ce qui est des enfants au-dessous de sept ans, qui sont morts par la négligence des parents, soit qu'ils aient été baptisés ou non, nous en remettons toute la pénitence aux parents, excepté le vendredi de chaque semaine, auquel jour même si le pénitent a recours à l'Eglise il pourra recevoir telle indulgence qu'il plaira à la charité du prêtre de lui accorder. Que si le pénitent est infirme ou une femme enceinte ou débile et faible qui ne puisse jeûner qu'il dise sept fois le *Pater noster* et qu'il fasse quelque œuvre pieuse telle qu'il pourra. Que la paix et le salut de Notre-Seigneur Jésus-Christ soient à tous ceux qui conserveront ceci et tout ce qui est juste. Fait l'an du Verbe Incarné MCLVI, Adrien IV étant pape d'heureuse mémoire heureusement.

REMARQUES SUR LE MÊME TITRE

La vérification de ce titre se tire de sa date à laquelle l'écriture est conforme et dont quelques mots à demi effacés prouvent l'antiquité ; sa caducité en est encore une autre preuve. Il paraît avoir été beaucoup lu et examiné, ce qui se remarque aux bords de la charte, par lesquels on la tient en la lisant, qu'on voit souillés et quelques lettres mêmes à demi effacées à force d'y avoir mis les doigts dessus.

Il semble aussi que ce titre a été produit quelquefois en justice ou ailleurs et qu'il n'a pas toujours été gardé dans le Chartrier du prieuré, comme on voit ces mots en petites lettres au dos : Pour M° Jacques Foüyn prieur d'Argenteuil ; et plus bas en petites lettres aussi en forme de signature, en lettres onciales Burchart.

Jacques Foüyn était chanoine de Paris, abbé de saint Serge et de saint Bache et le trente-septième prieur d'Argenteuil et le huitième commendataire. De son temps, à savoir l'an 1567, le monastère fut pillé et brûlé et le chartrier dissipé par les hérétiques guidés par quatre habitants huguenots d'Argenteuil, mais le prieur, à son retour de son abbaye où il était pour lors, leur fit faire le procès en vertu duquel un des quatre fut pendu, puis faisant recherche des chartes on lui envoya celle-ci avec les sceaux de cire enfermés en des boîtes de cuivre.

Au dos du titre sont ces mots en vieilles lettres plus modernes que celles de la charte : Lra de Capa Dni p. hu. archiepz rothomagen. Cette charte est marquée par la lettre B.

§ I.

H. — *Humble prêtre de l'église de Rouen.* — Cette lettre H. signifie Hugues d'Amiens, troisième du nom et cinquantième archevêque de Rouen selon du Saussay ou cinquante et unième selon le *Gallia Christiana* de Sainte Marthe. Amiens en Picardie était le lieu de sa naissance. Il fut premièrement moine de l'ordre de Cluny, prieur de saint Pancrace de Lecivis en Angleterre, puis abbé en 1123, puis archevêque de Rouen en 1128, selon la chronologie d'Albéric, ou en l'an 1130 selon Ordéric en son livre 12°. Il fut consacré un dimanche qu'on solennisait l'Exaltation de la Sainte-Croix, dans l'Eglise de Saint-Ouen de Rouen, par l'évêque de Bayeux et ses corévêques, selon Robert du Mont. Il s'est toujours maintenu dans les bonnes grâces du roi de France et de celui d'Angleterre qui lui donnèrent plusieurs belles charges, offices et commissions. Il s'est trouvé en plusieurs belles cérémonies, comme à l'ouverture de la châsse de Saint-Denis, à la dédicace de la nouvelle église du même saint, il y consacra l'autel de Saint-Romain etc. Il transféra le corps de saint Gautier abbé de Saint-Martin de Pontoise et fit la cérémonie de l'Invention de la sainte Tunique de Notre-Seigneur à Argenteuil dont il donna l'acte que je viens de coucher par écrit l'an 1156. Il est mort l'an 1166 selon Mathieu de Vuistmoustier, ou en 1164 selon de Sainte Marthe; le 11 de novembre selon son épitaphe ou le 10 du même mois selon le nécrologe.

§ 2

« *Nous étant transporté à Argenteuil.* » Cet Argenteuil est un bourg situé sur le bord de la Seine à deux lieues de Paris du diocèse de la même ville et à égale distance de Saint-Denis en France.

Il est diversement nommé dans les chartes latines et je marquerai tous les noms divers, afin qu'on puisse le distinguer des autres lieux qui ont des noms assez semblables. Dans une charte de Louis le Débonnaire et de Lothaire son frère, il est nommé *Argentogilum*: « *Illustris femina soror videlicet nostra Theodrada, Deo sacrata, nostræ suggessit mansuetudini qualiter compertum habuisset, quod monasterium vocabulo Argentogilum situm in pago parisiaco super flumen Sequanœ...* ».

Il est appelé *Argentoilum* dans une charte de Louis le Jeune et de Philippe son fils, rois de

France, en date de l'an 1129 : « *Venerabilis abbas S. Dionysii Sugerius... nostræ suggessit mansuetudini... quod monasterium vocabulo Argentoilum situm in pago parisiaco super fluvium Sequanæ ad oves B. Dionysii pertinere debeat* » etc.

Il est appelé *Argenteolum* dans le privilège d'Innocent II pape.

Le nom le plus commun et qui lui reste maintenant est *Argentolium* comme on peut voir dans plusieurs chartes du lieu.

Il faut distinguer ces noms qui signifient un bourg dans le territoire de Paris d'avec ceux-ci : *Argentonium castrum* qui est dans le Berry, *Argentoratum* qui est Strasbourg en Alsace et d'un autre dans l'Aquitaine ; *Argentoria* est un village du Berry donné à Saint-Denis par Dagobert.

§ 3

L'Archevêque de Sens. — Il s'appelait Hugues de Toucy ; il fut préchantre premièrement, puis archevêque en l'an 1144, à cause de ses vertus ; le roi l'honora de plusieurs belles occupations ; il logea le pape Eugène III chez lui, ce qui lui donna sa connaissance et la liberté de lui écrire quelques lettres ; il y reçut aussi saint Thomas archevêque de Cantorbéry en Angleterre exilé par le roi Henri II, à cause des libertés de l'église anglicane. Il amena en France la fille du roi de Castille que Louis le Jeune épousa après que son mariage avec Eléonore de Guienne fut dissous. Il décéda le troisième jour de Janvier de l'an 1166 selon du Saussay ou en l'an 1169 selon de sainte Marthe; il est enterré dans le chœur de Saint Pierre-le-Vif à Sens. (1)

§ 4

Thibault évêque de Paris. — Il était religieux et prieur de Saint-Martin-des-Champs à Paris; il fut fait le soixante sixième évêque de Paris l'an 1140. Pierre le vénérable lui donne cette louange qu'il a toujours reconnu la religion pour sa mère et qu'il a toujours voulu être du corps de Cluny. Il n'est pas mort le 13 Janvier de l'année 1151, comme dit la chronologie de saint Victor, puisqu'il assista à cette cérémonie d'Argenteuil en 1156. La Chronique de Normandie met son décès en l'an 1157, Robert du Mont en 1158 et le car-

---

(1) Suivant le *Gallia christiana*, Hugues de Toucy, 72ᵉ archevêque, aurait été redevable de son élection à St Bernard: après avoir pris possession en 1142 il aurait vécu jusqu'au 6 février 1168.

tulaire de Saint-Martin-des-Champs fait voir qu'il était encore vivant en 1157. (2)

Le martyrologe de Saint-Martin-des-Champs met son décès au huitième jour de Janvier : « *Sexto dius Januarii depositio Domni Theobaldi Episcopi parisiensis et prioris hujus loci : officium fiat plenum per omnia, sicut de aliis prioribus nostris* etc. *Hic jacet ante majus altare ad secundam tumbam, parte sinistra.*

L'archevêque de Rouen a fait cette cérémonie en présence du diocésain et du métropolitain, car Paris n'est érigé en métropole que depuis l'an 1622, parce que le prieuré de Notre-Dame d'Argenteuil étant membre dépendant de Saint-Denis en France était exempt de la juridiction épiscopale en vertu de ses privilèges qu'on peut voir chez Doublet et au premier tome des Chroniques de saint Benoit. L'abbé pria un Archevêque autre que le métropolitain et le diocésain pour faire cette cérémonie afin de se maintenir en possession de son droit et privilège.

Il pria celui de Rouen plutôt qu'un autre parce qu'il était son intime ami ; outre cela il était le premier prélat de l'ordre.

(2) Il convient de retarder jusqu'en 1143 la date de l'épiscopat de Thibault, la véritable date de son décès est le 7 janvier 1157 d'après les bénédictins.

§ 5

Robert évêque de Chartres, c'est-à-dire Robert II du nom et le soixante-cinquième dans l'ordre des évêques du même lieu ; il décéda le 23 septembre de l'an 1164, selon de sainte Marthe. (1)

§ 6

L'Evêque d'Orléans, c'était Manassès de Garlande de la noble famille des Garlande dont on peut voir les particularités chez de Sainte Marthe; il fut abbé et ensuite évêque en l'an 1146 ; il était encore vivant en l'an 1184, mais on ne sait pas celui de son trépas. Il est décédé au mois d'octobre et fut enterré au milieu du Chapitre de l'abbaye de saint Euverte d'Orléans de l'ordre de Saint-Augustin. (2)

(1) Le prédécesseur de Robert III était mort le 6 février 1155 ; on a de ce prélat une lettre datée du 15 octobre 1156.

(2) Un des pasteurs les plus recommandables et les plus influents de son siècle. Consacré en effet en 1146 il prolongea sa vie et son administration jusqu'au 28 septembre 1185.

§ 7

L'Evêque de Troye, Henri de Carinthie, premier du nom et cinquante sixième évêque de Troye. Il était parent de Mathilde femme de Henri comte de Champagne ; il était religieux de Citeaux dans l'abbaye de Morimont il fut fait évêque en 1146 selon du Saussay ou en l'an 1149 selon sainte Marthe ; (2) il est décédé l'an 1169. Son corps est enterré en l'abbaye de Boullancour de l'ordre de Citeaux au diocèse de Troye. Henri de Troye comte palatin donna de beaux droits à la cathédrale de cette ville à sa considération.

§ 8

L'Evêque d'Auxerre ; il s'appelait Alain, flamand, natif de Lille en Flandre ; il était religieux de l'ordre de Saint-Bernard ou de Citeaux, il fut le premier abbé de la Rivone, puis il fut fait évêque l'an 1152 ou 1151. Il quitta son évêché l'an 1167 pour retourner au monastère de Clairveaux où il avait reçu l'habit et les instructions de saint

---

(1) Vers 1145 selon le *Gallia christiana.*

Bernard. Il est décédé l'an 1182 le 14.ᵉ jour d'octobre et enterré dans l'église de Clairveaux où son épitaphe porte en peu de mots ce que je viens de dire. (1)

§ 9

L'Evêque de Châlons-sur-Marne : Aimon qui commença d'être évêque de cette ville l'an 1151, ou bien comme dit du Saussay, c'était Boson successeur d'Aimon. Boson décéda l'an 1162 et est enterré entre deux aigles dans le chœur de sa cathédrale. Il n'avait rien de recommandable que sa dignité épiscopale. (2)

§ 10

L'Evêque d'Evreux : Rotroc ou Rotrod de Vuarvic était archidiacre de Rouen lorsqu'il fut

---

(1) Alain aurait été fait évêque le 31 décembre 1151 ; il était alors abbé de Larivour, abbas Ripatorii. Nous savons qu'il conférât les saints ordres dans le monastère de Vézelay le 10 mars 1156 ; démissionnaire à 1167 il vient encore jusques en 1185 et ne termina ses jours et ses austérités le 15 octobre dans la cellule occupée auparavant par l'illustre St Bernard.

(2) C'est incontestablement Boson qui fut à Argenteuil élu en 1153 il mourut le 26 mars 1161.

fait évêque d'Evreux l'an 1139. Il assista à l'élévation du corps de saint Firmat à Mortagne et à la visite du corps de saint Denis, en quoi on peut remarquer la familiarité qu'il avait avec Hugues d'Amiens, archevêque de Rouen, auquel il succéda l'an 1164 ; il fut fait légat vers Henri second roi d'Angleterre pour les affaires du Saint-Siège l'an 1170 ; il présida au concile d'Avranches l'an 1172 ; il dédia l'église du Bec-Helouïn ; le roi d'Angleterre Henri avec son fils et plusieurs seigneurs ecclésiastiques et séculiers assistaient à cette cérémonie. Il décéda le 25 novembre de l'an 1183. (1)

§ 11

L'Evêque de Meaux. — Etienne de la Chapelle selon du Saussay, cinquante-huitième prélat de Meaux, (2) qui fut transféré à Bourges, puis se dé-

---

(1) C'est au retour d'un pélerinage *ad limina* que cet évêque se rendit à Argenteuil ; il avait célébré les fêtes de Pâques à l'abbaye de Vézelay.

(2) Dom Wyard a raison contre du Saussay ; le prélat qui assista à la cérémonie fut Manassès II qui occupa le siège de Meaux depuis l'année 1134 jusques au 23 avril 1158. Le gallia donne le nom de Rainaldus à son successeur et place l'élection d'Etienne de la Chapelle à l'année 1162.

chargeant de l'épiscopat, il se retira à Saint-Victor-les-Paris où il est décédé ; mais il ne parvint à l'épiscopat qu'en l'an 1175, après avoir été archidiacre de Sens. Selon de sainte Marthe les chartes de l'Hôtel-Dieu de Meaux disent qu'un nommé Genoldus était évêque de Meaux en l'an 1160 ; c'était donc Genoldus qui assistait à cette cérémonie ou son prédécesseur Manassès II, cinquante-quatrième évêque de Meaux qui vivait encore en l'an 1153, selon la chronique de Saint-Jean des Vignes de Soissons. Cela supposé, ce n'était point Etienne de la Chapelle puisqu'il n'a été évêque qu'en l'an 1175 et la cérémonie de la sainte Tunique s'est faite l'an 1156.

§ 12

L'Evêque de Senlis. — Thibault évêque de Senlis et le prédécesseur immédiat de Saint Almaric abbé de Chaalis. (1)

§ 13

Saints-Evêques. — Ce titre de saint était autre-

(1) Dès 1151 Thibault gouvernait le diocèse de Senlis ; il prit part à l'élévation du corps de St Gautier, abbé de Pontoise, le 3 mai 1153 ; en 1156 on le voit donner la confirmation de dîmes à l'abbé Haimoin ; il mourut l'année d'après le 23 février.

fois donné à la dignité épiscopale, même au degré superlatif, comme on peut remarquer dans les histoires ecclésiastiques ; la raison de cette qualité est, comme dit saint Thomas, parce que l'Episcopat est un état de perfection acquise ; mais on donne cette qualité aux évèques nommés dans cette charte parcequ'ils étaient tous religieux tirés des cloîtres pour la plupart où ils avaient appris la perfection.

§ 14

Odon abbé de Saint-Denis : Odon ou Eudes de Deüil était abbé de Saint-Corneille de Compiègne, lorsqu'il succéda au grand Suger dans le gouvernement de l'abbaye de Saint-Denis en France, en l'an 1152. Il était grand ami de Saint Bernard ; il assistai à cette cérémonie comme abbé, supérieur du lieu où il avait toute juridiction immédiate au Saint-Siège, indépendante de l'archevêque de Sens et de l'évêque de Paris ; il était le trente-sixième abbé de Saint-Denis, selon Doublet.

§ 15

T., *abbé de Saint-Germain* (des Prés) : Cette

première lettre est un T et non point un L, car je l'ai bien vue et considérée dans la charte originale; elle signifie Thibault qui succéda à Godefroy, quarante-troisième abbé, qui se démit (1). Thibaut commença sa prélature au commencement de l'année 1156 et fut le quarante-quatrième abbé de Saint-Germain. Peu de temps après sa promotion, il assista à cette cérémonie. Il décéda le lendemain de la Magdeleine en l'an 1162.

§ 16

God. abbé de Lagny : c'était ou Godefroy ou Goderic ou Godescale qui étaient les noms les plus usités en ce temps-là (2).

§ 17

L'abbé de Saint-Maur-des-Fossés : On ne sait si c'est Ascelin Ier ou son successeur Ascelin II ; messieurs de Sainte-Marthe mettent le commence-

---

(1) C'est en effet Thibault qui était alors à la tête de la vieille abbaye de Childebert ; son élection avait été confirmée par le pape Adrien IV, après que des commissaires avaient procédé à la déposition de son prédécesseur Geoffroy. Il était moine de Vézelay et il revint mourir à ce monastère où il avait fait profession.

(2) Gaudefridus eut la crosse abbatiale de 1148 à 1162.

ment d'Ascelin Ier en l'an 1137 ; c'est ce que je puis dire (1).

Cette abbaye a été sécularisée par le pape Clément VII l'an 1533, à la requête de François Ier, roi de France, à la sollicitation de Jean du Bellay, évêque de Paris, qui l'obtint en union ou annexe de sa crosse, qu'il se plaignait n'être pas assez forte pour porter les charges de son évêché, quoique, selon du Breuil, cent trois évêques, ses prédécesseurs, ne se fussent jamais plaints de chose semblable. La mense conventuelle est à présent appliquée à des chanoines qui desservent cette abbaye, qui perdit en même temps sa crosse et les plus beaux privilèges qu'aucune abbaye ait jamais possédés dans la règle de Saint-Benoît.

§ 18

L'abbé de Saint-Maximin, de Trèves : c'était apparemment Sigerus qui fut élu l'an 1140. Le pape lui donna la bénédiction d'abbé à Rome et

---

(1) Les auteurs du *Gallia* ne reconnaissent pas deux Ascelin dans la série des abbés de St Maur. Le premier, qui occupe le trentième rang, gouverna le monastère de 1134 à 1151 environ ; son successeur fut Théobald III ; on le voit recevoir la confirmation d'un privilège pour son abbaye en 1153, traiter avec l'évêque de Meaux en 1155, soutenir un procès en 1162.

confirma son élection et les privilèges de son abbaye. On ne sait en quelle année il est mort ; il vivait encore l'an 1153 selon de Sainte-Marthe et il n'est pas fait mention de son successeur plutôt qu'en l'an 1182 (1).

§ 19

L'abbé de Saint-Magloire : c'était peut-être Pierre dont il est fait mention en des lettres royaux de Louis VII en date de l'an 1159 (2). Cette abbaye avait été fondée par Hugues Capet, maire du Palais, l'an 975, sous le règne de Louis et Lothaire, rois de France ; elle est présentement sécularisée et desservie par des prêtres de l'Oratoire qui ont pris la place des moines de Saint-Benoît ; elle est située aux faubourgs de Paris.

§ 20

L'abbé de Saint-Pharon de Meaux : probable.

---

(1) La mort de cet abbé de Trèves survint vers 1165 ; on trouve sa signature dans la charte de fondation du monastère d'Arnoteuls le 29 octobre 1156.

(2) L'abbé de Saint Magloire se nommait sûrement Pierre ; il siégeait depuis 1152. On trouve de lui, à l'année 1156, un acte d'échange avec les chanoines de Saint-Merry, sous l'approbation de Clément doyen de l'Eglise de Paris.

ment c'était André qui fut élu l'an 1138 ; il fut un des premiers de la croisade contre les infidèles sous Louis le Jeune VII⁰ du nom, roi de France. Il visita le corps de Saint-Pharon et le transféra ailleurs l'an 1140 ; et on institua la fête de la translation du même saint. Néanmoins on trouve qu'en l'an 1157 Lambert, son successeur, gouvernait déjà l'abbaye (1).

§ 21

L'abbé de Pontoise : Hilderius sixième abbé, successeur de Guillaume second, qui mourut le sixième jour de mai de l'an 1156, selon Sainte-Marthe (2).

§ 22

L'abbé de Morigny : Landric, septième abbé, ce qui paraît par les confirmations des églises qu'il a

---

(1) Lambert, le successeur d'André, était déjà à la tête du monastère en 1152 ; il vécut au moins jusques en 1178 ; il occupe le trente-troisième dans le catalogue.

(2) Noms et dates sont encore à rectifier. En 1156 Guillaume II était plein de vie ; cinq ans après, le 14 octobre, il était nommé abbé de Vézelay et quittait St-Martin de Pontoise après quinze ans d'administration.

obtenues de son archevêque de Sens ; elles sont des années 1152, 1158, 1161, 1164 et 1169. Cette abbaye est située près d'Etampes au diocèse de Sens. — Voyez de Sainte-Marthe.

§ 23

Et plusieurs autres abbés, évêques, ecclésiastiques de marque qu'il aurait été trop long d'exprimer tout en particulier, comprenant même sous ces deux mots le prieuré d'Argenteuil Ansoldus : la tradition ancienne de ce monastère est que ces prélats avaient été assemblés exprès par ordre du roi Louis VII.

§ 24

« *Nous y avons vu avec humilité.* — L'archevêque de Rouen rend ici un témoignage croyable, puisqu'il dit qu'il a vu la Sainte Tunique et l'a montrée et exposée à la vénération des peuples et à toute la cour de France. *Inspeximus.*
Plusieurs auteurs confirment ce témoignage par les leurs que nous coucherons ici par écrit, l'un après l'autre, pour faire remarquer comme ils s'accordent fort bien.

Robert du Mont, auteur contemporain de cette cérémonie et grand ami des évêques et prélats qui y assistaient, particulièrement de l'archevêque de Rouen, Hugues d'Amiens, qui allait de temps en temps au Mont-Saint-Michel, où Robert était abbé, pour y faire ses retraites, donne son témoignage en ces termes :

« *In pago parisiensi cappa Salvatoris nostri, monasterio Argentoïlo, revelatione divina reperta est, inconsutilis et subrufi coloris, quam sicut litteræ cum ea repertæ indicabant, gloriosa Mater illius fecit ei, cum adhuc esset puer.* » (1)

Mathieu Paris, qui est mort l'an 1259, dit la même chose presque en mêmes termes :

« *Anno Domini 1156, in pago parisiacensi, monasterio Argentoïlo, revelatione divina Tunica Salvatoris inconsutilis et subconfusi coloris reperta est, quam sicut litteræ cum ea repertæ indicabant, gloriosa mater ejus fecerat ei, dum adhuc esset puer.* »

Mathieu de Vuistmoustier qui vivait l'an 1307 dit la même chose aussi presque en mêmes termes

---

(1) Robert, abbé du Mont-Saint-Michel est le premier chroniqueur qui mentionne la découverte et la translation de la précieuse relique d'Argenteuil. Son témoignage est important et pleinement autorisé : du reste les écrivains venus après lui n'ont fait que le reproduire. Il était né à Torigny-sur-Vire, se fit moine au Bec en 1126, en devint prieur vingt ans après et fut élu le 27 mai 1154 abbé du Mont-Saint-Michel : il y termina sa vie le 24 juin 1186.

sous ce titre : *Tunica Domini Inconsutilis inventa est in Franciâ*, puis il poursuit :

« *Anno gratiæ 1156, in Franciâ, divina revelatione, inventa est Tunica inconsutilis Christi quam, sicut litteræ cum ea repertæ indicabant, Mater ejus fecerat ei et crevit ipso crescente.* »

Tous ces auteurs disant la même chose, il suffit d'en exprimer ici un en Français pour tous les autres : l'an de grâce 1156 on a trouvé au monastère d'Argenteuil, en France, la Tunique inconsutile de Notre Seigneur Jésus-Christ, que sa glorieuse mère lui avait faite lorsqu'il était encore enfant et elle a cru à mesure qu'il croissait, comme les lettres qui furent trouvées avec cette Sainte Tunique faisaient foi.

Jacques Gaultier en sa *Table chronologique*, Belleforest en son *Histoire de France*, Favin de Marolles, en ses notes sur le chapitre onzième de Grégoire de Tours, et plusieurs autres bons auteurs vérifient ceci par leurs témoignages.

§ 25

Avec humilité : Ce mot marque assez que cet archevêque était convaincu de la vérité et de la grandeur de la relique, puisqu'on ne s'humilie que devant ce qu'on connaît avoir quelque grandeur et on ne rend point les adorations et les respects qu'à ce qui a quelque chose de divin.

§ 26

La Tunique : Cette tunique est la même qui fut trouvée dans la ville de Zahat, l'an 593, dont Saint Jean fait une mention particulière en ces termes : « *Erat autem tunica inconsutilis,* » etc. Joann. cap. 19, et qui a été ensuite apportée dans le prieuré d'Argenteuil par Charlemagne.

La tradition du lieu l'a toujours tenue pour telle et la prose de la Sainte Tunique l'a confirmé. Cette prose et cette messe se disaient anciennement dans tout l'archevêché ou diocèse de Paris et outre les très anciens manuscrits où cette messe et cette prose sont gardées, les missels d'impression la plus ancienne ont cette messe et prose. Il s'en trouve particulièrement un dans la paroisse de Saint-Laurent aux faubourgs de Paris, imprimé en 1505, dont je rapporterai la messe entière cy-après. Cependant je vais mettre la strophe qui vérifie que c'est la même que celle dont Saint-Jean parle en particulier dans son chapitre dix-neuvième.

7

*Hanc Judæi rapuerunt
Et sortem super miserunt
Nolentes partiri.*

8

*Quam ab oris gentilium
Imperator fidelium
Carolus extraxit.*

7

Les Juifs la prirent et jetèrent le sort dessus ne la voulant point déchirer.

8

C'est l'empereur des fidèles, Charlemagne qui l'a tirée des pays des gentils.

Robert du Mont et les autres auteurs appellent cette Tunique inconsutile et par conséquent il faut que ce soit celle dont Saint Jean fait une mention particulière dans son dix-neuvième chapitre parce que : 1° Les Evangélistes ne disent pas que Notre Seigneur ait eu plusieurs vêtements inconsutiles ; 2° il n'est pas croyable non plus qu'il ait eu plusieurs vêtements inconsutiles, puisque les Juifs déchirèrent les autres vêtements, or un vêtement inconsutile ne peut souffrir aucune déchirure, comme disent les interprètes, et par conséquent si les autres habits de Notre Seigneur étaient inconsutiles les Juifs ne les auraient point déchirés.

Ce qui peut ici souffrir difficulté est le mot de *Cappa* qui est dans la charte et dans le texte de Robert du Mont, mais ce mot est expliqué par Mathieu Paris et Mathieu de Vuistmoustier avec plusieurs autres qui mettent tous le mot *Tunica* et non point *Cappa*, quoique l'un est en cet endroit la même signification que l'autre. Charles Stengelius dit ces paroles à notre avantage : « *Tradunt sæpe dictam tunicam nunc asservari in oppido Argentolio, non longe a Lutetia Parisiorum, ubi magna veneratione peregrinis spectanda proponitur.* » (1) Il cite ensuite Salmeron tom. 10 traité 37 et Cartagène liv. 10 nom. 12.

Plusieurs doctes personnages du temps même, du corps de la célèbre Université de Paris, sont tous convenus de la signification de *Capa* pour *Tunica* et une personne que la piété, la doctrine et la naissance rendent également recommandable, à laquelle nous avions confié ce titre et qui en a conféré avec ces personnes doctes nous en écrit en ces termes : « Ne vous mettez point en peine du mot *capa*, tous demeurent d'accord de sa signification

(1) Stengelius lib. 2 *de Reliq. cultu.*

pour *Tunica*; ceux-mêmes qui nous sont les plus contraires conviennent que le mot *capa* peut s'entendre d'un autre vêtement que d'un manteau, car on peut appeler une tunique *capa a capiendo* parce qu'elle contient et qu'elle couvre, de même qu'on l'appelle *tunica, a tuendo*, parce qu'elle défend le corps de l'air et du froid. » (1)

§ 27.

De l'enfant Jésus, c'est-à-dire que Notre-Dame la très pure, très sainte et très immaculée Vierge-Marie avait fait cette Tunique à son Fils, lorsqu'il était encore enfant, comme disent Robert du Mont et Mathieu Paris. Jésus s'en est servi jusqu'à la mort et pour cet effet elle croissait à mesure que Jésus croissait, selon Mathieu de Vuistmoustier fondé sur les lettres trouvées dans Argenteuil avec la sainte Tunique. Voyez aussi les 3, 4, 5 et 6e strophes de la sainte messe que je mettrai ci-après elles expliquent nettement cette vérité.

§ 28.

Qui avait été mise dans les trésors de la même Église (d'Argenteuil) *avec un honneur convenable*

(1) Du Saussay auct. Panopl. sacerdos.

depuis une longue antiquité. Cet « *a temporibus antiquis* » était environ de 355 ans avant cette cérémonie de l'Invention de la sainte Tunique qui arriva l'an 1156. Pour ce qui est de l'honneur convenable qu'on a rendu à la sainte Tunique en la mettant au prieuré d'Argenteuil, l'an 801, c'est que Charlemagne vint lui-même apporter la sainte Relique à sa fille Théodrade, abbesse d'Argenteuil, faisant paraître dans cette occasion tout ce que la couronne de France et l'Empire avaient d'auguste et de pompeux, d'honorable et de majestueux. Je laisse à conjecturer, par conséquent, la belle suite des princes et prélats qui s'y trouvèrent avec lui. C'est ce que veut dire l'archevêque de Rouen par ces mots de la charte « *honore condigno* » sans spécifier davantage, parcequ'il voyait devant ses yeux les lettres anciennes saines et entières qui expliquaient le tout bien au long.

§ 29

Nous l'avons visitée..... avec respect. — L'ancienne tradition du monastère d'Argenteuil porte qu'on n'a jamais visité la sainte Tunique qu'après un jeûne de trois jours et des cérémonies toutes particulières. Quelques-uns ajoutent même qu'il faut permission expresse du pape et le pape

Adrien délègue Hugues d'Amiens en qualité de son légat en France pour faire cette cérémonie. On peut remarquer les grandes cérémonies qu'on observa pour transférer la sainte Tunique de la ville de Zaphat dans Jérusalem.

Remarquez que cet Archevêque parle ici comme ayant visité et bien examiné cette relique et par conséquent son témoignage est très recevable.

§ 30

La suréminente et sublime personne de l'illustre roi de France Louis y était présente. — C'était Louis VII dit le Jeune, pour le distinguer de Louis VI dit le Gros, son père, avec lequel il a régné quelque temps. Ce roi se croisa contre les infidèles, mais avec peu bon succès. Lorsqu'il entra à Jérusalem, le roi, le patriarche et le clergé lui vinrent au-devant, chantant ce qu'on chantait à l'entrée triomphante de Notre-Seigneur dans la même ville : *Benedictus qui venit in nomine Domini; Hosanna in excelsis.* Il fit dissoudre son mariage entre lui et Eléonore fille aînée du duc de Guyenne, tant à cause de la consanguinité qui était entre eux qu'à cause de l'adultère qu'elle avait commis dans le voyage de Terre-Sainte ; elle épousa Henry Comte d'Anjou et duc de Normandie qui succéda à la couronne d'Angleterre après la mort du roi Etienne. Pour ce qui est du roi Louis VII il épousa ensuite la fille du roi de Castille amenée en France par Hugues archevêque de Sens. Il décéda l'an 1180 après avoir régné quarante-trois ans. Il fut enterré au monastère de Barbeau-sur-Seine de l'ordre de Citeaux, proche Melun, dont il est reconnu fondateur, aussi bien que de Neuport et de Dunes sur la mer. Sa troisième femme lui fit dresser un superbe tombeau de cuivre, d'argent, d'or et de pierreries ; cette troisième femme s'appelait Adèle.

§ 31

Les principaux du Royaume et les plus notables de la dignité palatine qui étaient pour lors à la suite du roi Louis VII, ce qui marque que toute la cour était présente à cette cérémonie, Notre-Seigneur voulant que cette seconde cérémonie de la sainte Tunique fut aussi célèbre que la première qui fut faite en présence de l'Empereur Charlemagne et de toute sa suite. Il ne faut pas s'étonner si la cour palatine y était aussi, parce que le roi avait mené avec lui Adèle sa troisième femme qui était fille du comte de Champagne Thibaut, leurs parents et alliés.

§ 32

Il y avait une très grande assemblée de populace ; ce qui autorise encore davantage la cérémonie et la vérité de la sainte Tunique qu'on leur montre publiquement et dont il y avait par ce moyen autant de témoins de la vérité qu'il y avait d'assistants.

§ 33

Pour cette marque de la grâce, c'est-à-dire à cause de ce vêtement dont la sagesse humanisée a daigné se revêtir. — La sainte Tunique est appelée la marque de la grâce céleste, parce qu'elle démontre qu'il y a eu un Jésus-Christ en terre et par conséquent un Dieu incarné pour nous racheter de nos péchés, lorsque nous la considérons comme un vêtement qui lui a servi ; elle nous représente sa mort et sa passion, lorsqu'elle est considérée teinte de son sang et telle qu'elle lui a été ôtée sur le Calvaire ; et elle est une marque de la glorieuse résurrection, puisque étant vivant il nous a laissé son habit, parce qu'il n'en a plus besoin ; ou bien c'est une marque commémorative de sa naissance et de sa souffrance, un signe démonstratif de la grâce qu'il nous a donnée et un signe pronostic de la gloire future, comme l'Eucharistie avec proportion.

§ 34

Nous récompensions par indulgences. Ces indulgences étaient de deux classes les unes étaient pendant la première année suivant immédiatement la cérémonie, et ces indulgences sont abrogées ; les autres étaient à perpétuité et celles-là durent encore présentement.

§ 35

Fait l'an de l'Incarnation mil cent cinquante-six. — Robert du Mont, Mathieu de Paris, Mathieu de Vuistmoutier conviennent de l'année avec cette charte ; d'où il appert de l'erreur de Jacques Gautier en sa *Table chronologique* qui met cette cérémonie l'an 1157.

Cette façon de compter les années par celles de Jésus-Christ a commencé par un savant et saint homme, scythe de nation, appelé Dionysius exiguus, qui vivait environ l'an 525, sous le pontificat de Jean I ; auparavant on comptait les années par celles des Empereurs, comme il appert du chapitre deux de saint Mathieu et du troisième chapitre de saint Luc et d'ailleurs. C'était la façon de dater de ce siècle-là de mettre l'année sans exprimer ni le mois ni le jour, de même qu'en la fin du siècle suivant on ne datait rien ni de l'année ni du mois du jour.

§ 36

Robert du Mont raconte cette cérémonie entre la Pentecôte et le premier jour de Juin. L'ancienne messe semble donner à entendre que la première translation de Galatie à Argenteuil s'est faite le troisième jour de Mai. Je n'aurais pas de peine à croire que cette cérémonie de l'Invention se soit faite au même jour, car on pourrait bien avoir fait cette cérémonie au même jour pour rafraîchir la mémoire de la première, outre que jamais la sainte Robe n'a été séparée de la Sainte-Croix, tant qu'on a pu les joindre. Si le prélat officiant a donné des Indulgences dans l'octave de Saint-Denis et non pas à d'autres jours, c'est afin d'obliger les pèlerins qui abordaient de tous côtés à Saint-Denis ces jours-là d'aller rendre leurs devoirs à la sainte Tunique à Argenteuil, outre que les vendanges convient le monde à y venir.

§ 37

Sous le Pontificat du pape Adrien, quatrième du nom, et sa seconde année ; il était anglais et bénédiction. (1)

La tradition porte qu'il se fit plusieurs miracles par la vertu de la sainte Tunique de Notre-Seigneur en cette cérémonie, ce qui continue encore aujourd'hui comme nous allons voir dans la suite.

(1) Adrien IV, Nicolas Breakspear, né à Abbotslaugley, prieur de Saint-Ruf à Avignon 1137, cardinal-évêque d'Albano 1146, élu pape le 4 décembre 1154, mort le 1ᵉʳ septembre 1159 à Anagni. Un de ses historiens Macquin, l'appelle la plus grande gloire des Anglais.

CHAPITRE VINGT-ET-UNIÈME

Attentat commis sur l'intégrité de la Sainte-Tunique puni sévèrement par miracle.

La sainte Tunique retrouvée et redonnée au public par une cérémonie si pompeuse et si illustre se vérifiait elle-même par des miracles continuels et prodigieux, lorsqu'un chevalier d'une famille très noble illustrée et qualifiée de la Lorraine, appelé Gaultier de Hautepierre, attiré par le bruit de tant de merveilles, eut la curiosité de voir ce vêtement divin pour lui rendre ses respects et adorations.

Etant arrivé dans l'église du prieuré de Notre-Dame d'Argenteuil, il supplia le père trésorier de lui faire voir la sainte Tunique à découvert; le Père s'étant excusé sur ce qu'il n'en avait point la puissance, on avertit le supérieur qui, après beaucoup d'importunités et les dispositions requises, lui accorda sa demande ; le chevalier s'y prépara aussi par une bonne confession.

Pendant qu'on faisait les cérémonies ordinaires pour lui exposer la sainte Tunique, une pensée fatale le saisit dans son cœur ; il fut tenté de couper une pièce de la relique pour enrichir son pays ; il consent à la tentation et pour en venir à l'exécution, il donne commission à un de ses pages de se glisser dans la foule de la populace qui allait adorer la Sainte relique et qu'étant caché parmi le monde il ne manqua pas de couper une pièce de la sainte Tunique pour lui apporter. Voilà une entreprise bien hardie et téméraire, qui méritait une punition digne d'un tel attentat.

Le page étant dans la foule assez près d'exécuter son dessein, le malheureux Seigneur se sentit tout-à-coup frappé de frénésie et d'une espèce de rage qui le faisait crier comme un enragé. Le page, entendant la voix de son malheureux maître quitta aussitôt la poursuite du commandement qu'il venait de lui faire pour aller à lui ; mais si tôt qu'il ait pu venir, il arriva trop tard, car il ne connaissait déjà plus personne et il frappait sur lui comme sur le plus inconnu de l'assistance. Le page connut aussitôt que ce changement si subit ne pouvait provenir que d'un juste châtiment de l'attentat qu'il avait voulu faire commettre sur la sainte Tunique. Il le fit lier et porter dans l'hôtellerie, où il était descendu en arrivant à Argenteuil ; il y fut malade environ onze jours pendant lesquels Dieu lui donna quelques bons intervalles ; il confessa sa faute publiquement et que son attentat était la cause de son mal, de quoi il témoignait avec très grand déplaisir, suppliant très instamment les larmes aux yeux le supérieur du monastère de lui accorder la sépulture dans l'église du prieuré pour y faire après sa mort l'amende honorable à la sainte Tunique qu'il n'avait pas fait pendant sa vie, estimant un grand bonheur pour lui qu'on lui accorda cette grâce et son humilité faisant qu'il ne se jugeait pas digne d'approcher de la sainte Tunique, il voulut qu'on l'enterrât dans la nef à la porte du chœur, comme voulant dire qu'il ne méritait point de passer cette porte, puisqu'il avait voulu violer sa foi l'ayant une fois passée.

A peine les assistants se furent retirés qu'il retomba dans son mal qui lui causa enfin la mort, le onzième jour de sa maladie, la veille de saint Cosme et saint Damien, c'est-à-dire le 26 septembre de l'an 1298.

On lui donna sépulture au lieu qu'il avait souhaité, où l'on voit encore aujourd'hui sa tombe qui le représente en chevalier avec son écusson, chargé d'un lion rampant couronné et à la queue fourchue, ce qui marque assez l'ancienne noblesse de ce Seigneur. Autour de la tombe on lit ces mots :

YCY GIST MISIRE GAUTIER DE HAUTE PIERRE EN LORRAINE CHEVALIER QUI TRESPASSA L'AN DE GRACE MIL DEUX CENS ET QUATRE VINGTS ET DIS ET HUICT, LA VEILLE DE SAINT COSME ET SAINT DAMIEN. PRIEZ POUR L'AME DE LUY QUE DIEU MERCY LI FACE. AMEN.

Cette histoire miraculeuse est fort bien exprimée dans la quinzième et la seizième strophes de la prose qui se dit en la messe de la sainte Tunique.

15

O quam certa probatio
Indiscreta devotio
Militi frangenti

O que la dévotion indiscrète d'un chevalier qui voulait rompre la sainte Tunique fut une preuve certaine de sa vérité et réalité.

16

Cui vitæ sedatio
Fuit et restauratio
Beatum lugenti

Auquel ce sacré vêtement fut fatal et à sa vie ; lorsqu'il connut sa faute, il pleura tant qu'il en fut fâché et qu'il en eut contrition.

CHAPITRE VINGT-DEUXIÈME

La Sainte Tunique Inconsutile de Notre-Seigneur est portée en procession d'Argenteuil à Saint-Denis en France.

« La première chose remarquable que je trouve depuis la punition fameuse du chevalier de Haute-Pierre jusques au siècle mil cinq cents est une procession célèbre et solennelle que les religieux du prieuré de Notre-Dame d'Argenteuil firent le premier jour de mai de l'an 1529, portant la Tunique inconsutile de Notre-Seigneur à la royale abbaye de saint Denis en France, dont le registre qui est depuis l'an 1528 jusques en l'an 1553, au douzième feuillet, est chargé en ces termes :

« Le premier jour du mois de mai 1529 fut apportée la robe de Dieu depuis le prieuré d'Argenteuil jusques en l'église des glorieux martyrs, monsieur Saint Denis et ses compagnons en procession solennelle et fut tout le couvent au devant, tous en aube, jusques à la petite boucherie et illec prindrent deux religieux ledit reliquaire et l'apportèrent jusques à l'église de céans, puis après la messe fut reconduit ledit reliquaire jusques au bout de la rue de l'Estrée devant le prieuré de l'Estrée.

Signé : Gérault. »

Cet acte ne dit point la cause pourquoi on fit cette procession ; mais si on regarde la désolation de la France en ce temps, on connaîtra aussitôt que c'est que le royaume était en prières pour se réconcilier avec Dieu, pendant que Louise de Savoie, mère du roi de France, François Ier, et Marguerite de Flandres, tante paternelle de Charles-Quint roi d'Espagne, étaient assemblées à Cambrai avec les députés de part et d'autre pour pacifier ces deux royaumes et rendre à la France les deux premiers fils de son roi qui étaient en ôtage dans l'Espagne. Enfin le ciel entendit les soupirs et exauça les prières de notre France donnant une bonne paix par un traité fait dans la même ville de Cambrai, le 5 août 1529.

CHAPITRE VINGT-TROISIÈME

Le bourg d'Argenteuil est clos de murailles pour conserver la Sainte Tunique Inconsutile.

Argenteuil était un bourg qui n'avait jamais été fermé de murailles, lorsque le roi François 1er permit par une patente en date du mercredi 21 janvier 1544, qui se trouve encore dans la chambre des Comptes de Paris, de le clore pour empêcher les voleurs et gens de guerre qui tiraient vers la Normandie et pour la sûreté et conservation du lieu et monastère où repose le très sacré et précieux reliquaire de la Robe inconsutile de notre Sauveur et Rédempteur Jésus-Christ. Ce sont les propres termes de la patente.

Une épitaphe gravée sur la pierre en lettres anciennes, attachée contre la muraille dans l'église de la paroisse d'Argenteuil, dit que la clôture a été faite aux dépens d'un appellé de Chambellan, père d'un autre de Chambellan, prieur de Saint Denis en France, qui fit cette épitaphe :

Sacre à Dieu tout Bon et tout Puissant.
La mort toujours présente aux périlleux faits d'armes
Voyant de Chambellan le laurier sur le front
Combattre vaillamment ex-plaines de Piémont
Sous le grand roi François entre ses preux gens d'armes
Le sauva des hazards courus en faits d'armes
Partout à main hardie et le courage prompt
Pour nétrausger les os qui à jamais seront
Honorés en ce lieu de copieuses larmes.
Car tu sais Argenteuil qu'ayant fait de son corps
Un boulevard pour toi et dedans et dehors
Il a fondé les murs dont l'accinct t'environne
Pourtant garde ici-bas son tombeau de me chef
Comme assuré là-haut il porte sur le chef
Des anges bienheureux l'immortelle couronne.

David de Chambellan écuyer cy-gisant décéda le dernier jour de décembre 1545 et demoiselle Marguerite de Quette sa femme gisant en ce même lieu décéda l'an 1559.

Frère Jérôme de Chambellan leur fils grand prieur de Saint Denys en France leur a consacré ce monument et vous supplie d'avoir leurs âmes pour recommander en vos bonnes prières.

R. I. P. — S. R. M.

CHAPITRE VINGT-QUATRIÈME

La Sainte Tunique Inconsutile échappe aux mains impies des Huguenots.

La France a beaucoup souffert et perdu pendant les guerres civiles des hérétiques huguenots ; mais le monastère d'Argenteuil y a presque vu sa ruine totale dans les incendies que les malheureux tisons d'enfer allumaient par tous les lieux sacrés qu'ils rencontraient. Toute la paroisse dédiée à Saint Denis avec l'église et les lieux réguliers du prieuré furent consumés par le feu environ l'an 1577 ; auquel temps ces perfides forcèrent les murs du bourg d'Argenteuil, mettant tout à feu et à sang, ne sachant ce que c'était de pardonner ni au sexe, ni à l'âge. Ils pillèrent ce qu'ils purent et firent passer le reste par le feu ; le prieur perdit pour lors tous ses meubles qui montaient à deux mille écus. Ils pillèrent aussi le trésor de la sacristie d'où ils emportèrent l'argent d'une très belle châsse, ayant brisé les quatre grands cristaux au travers desquels on voyait la sainte Tunique.

Par un bonheur spécial Frère Jean Tessier, religieux et sacristain du prieuré avait adroitement ôté la sainte Tunique hors de la châsse pour la mettre en lieu de sûreté où il la conserva de telle sorte qu'il ne lui arriva aucun malheur.

Or depuis ce bon religieux étant devenu supérieur du monastère, il avait accoutumé de dire avec sa simplicité ordinaire : Je suis très assuré que si la sainte Tunique de Notre-Seigneur a été autrefois en ce prieuré, elle y est encore présentement, l'ayant moi-même cachée et remise.

CHAPITRE VINGT-CINQUIÈME

Le monastère d'Argenteuil est rétabli par les libéralités du roi Henri III

Peu de temps après le désastre, le roi Henri III vint à Argenteuil pour y honorer la sainte Tunique par ses adorations ; ayant vu le pitoyable état de l'Église, ruinée par les incendies, il donna la coupe de dix arpents de bois pour rétablir la nef, afin que la dévotion et procession vers la sainte Tunique puissent se continuer et pour plusieurs autres bonnes intentions contenues en ses patentes, commandant au Parlement qui refusait de ratifier sa donation de la mettre au plus tôt en exécution, comme on peut voir dans les registres du Châtelet de Paris. Depuis ce temps-là Gautier en sa *Chronique* assure avoir vu la sainte Tunique de Notre-Seigneur, déployée avec les cérémonies ordinaires.

CHAPITRE VINGT-SIXIÈME

Les rois, reines et autres personnages de qualité viennent rendre leurs hommages à la Sainte-Tunique.

Henri III a été le premier des rois qui sont venus adorer la sainte Tunique de Notre-Seigneur au monastère bénédictin d'Argenteuil, depuis que les huguenots l'ont eu réduite au pitoyable état que nous l'avons vu.

Louis XIII, surnommé à bon droit le Juste, y est venu trois fois, dont entre autres discours, comme celui qui lui faisait voir la relique lui eut offert de lui tirer la sainte Tunique hors la châsse, il répondit : « Je n'ai garde; il faut croire et non pas voir ; c'est assez de la voir comme vous la montrez ; encore ne devriez-vous point ôter la verrière à personne. » Le religieux lui répliqua qu'à tout le moins sa personne royale étant sacrée pouvait toucher et baiser la sainte Tunique, il répartit « je n'en suis pas digne » ; baisant la châsse par humilité et non pas la tunique. Il donna ensuite son chapelet au sacristain pour le faire toucher à la sainte Tunique et le recevant il baisa dévotement sa main et ensuite son chapelet disant : « Vous m'avez fait un grand plaisir ; il a touché quantité de saintes reliques en mes voyages, mais à présent j'en ferai plus grande estime pour avoir touché la plus sainte relique du monde. »

Anne d'Autriche, légitime épouse du même roi Louis XIII, étant venue rendre ses respects à la sainte Tunique ne la voulut point voir, ayant entendu que le roi s'était contenté de la regarder en dehors, sans la tirer de la châsse, quoiqu'elle en eut grand désir.

La reine Marie de Médicis, épouse de Henri IV et mère de Louis XIII, rendit aussi ses devoirs à la sainte Tunique de Notre-Seigneur ; elle amena avec elle le cardinal de Bérulle pour faire ouverture de la châsse, mais ayant appris que le roi ne le trouvait pas bon, elle s'en abstint.

Le cardinal de Richelieu vint aussi plier le genou devant cette relique adorable, où ayant appris l'action et les paroles du roi, il dit que le roi vénait de la race de saint Louis, qu'il croyait bien sans voir et que c'était le miroir sur lequel il fallait qu'un chacun se mirât, sans vouloir entièrement voir la sainte Tunique de Notre-Seigneur Jésus-Christ.

CHAPITRE VINGT-SEPTIÈME

Des processions qui se font en l'honneur de la Sainte-Tunique.

On fait six processions solennelles chaque année en l'honneur de la sainte Tunique; les religieux la font les jours de l'Incarnation, de l'Exaltation de la Sainte-Croix et de l'Ascension.

Les jours de l'Invention des corps de Saint-Denis et de ses compagnons, le 22 avril, les lundis de Pâques et de Pentecôte, les prêtres de la paroisse doivent la procession à la sainte Tunique. Le soir précédent, un prêtre avec un marguillier viennent demander la sainte Tunique pour le lendemain au R. P. Prieur, qui leur accorde, leur indiquant l'heure en même temps, sans qu'il soit permis aux prêtres de la paroisse d'y rien changer ni abréger la procession, comme on a pu remarquer par celle du lundi de Pâques de l'année 1667, que le R. P. Prieur fit retourner pour suivre la grande route ordinaire.

Le matin les prêtres se trouvent dans notre église au bas des chaises, attendant la procession qui marche à cet ordre :

Le valet d'église de la paroisse avec la bannière et la croix des Frères servants de la Charité qui les suivent marchent les premiers ; puis les Pères Augustins déchaussés, ensuite les croix du prieuré à droite et de la paroisse à gauche ; les reliques suivent et enfin la châsse de la sainte Tunique, portée sur un brancard par deux diacres, sous un beau dais porté par quatre confrères du Saint-Sacrement de la paroisse de Saint-Laurent de Paris, habillés de robes de diverses couleurs et représentant les quatre évangélistes ; aux côtés de la châsse les autres confrères du Saint-Sacrement marchent pieds et tête nus, des cierges allumés en main et revêtus de robes et de ceintures de laine blanche.

Tous les religieux du prieuré marchent à droite et les prêtres de la paroisse à gauche, après la châsse de la sainte Tunique, tous revêtus d'aubes et de chapes et le supérieur des religieux porte l'étole au cou. La justice du prieuré marche ensuite et une foule innombrable de peuple devant et derrière la procession ; de tous les lieux du pays on accourt. La messe suit incontinent le retour de la procession dans l'église du prieuré.

Pour l'ordinaire, ces cérémonies ne se passent

guère que Dieu ne fasse paraître la vertu de la sainte Tunique inconsutile de Notre-Seigneur par quelques grâces qu'il départ à ceux qu'il en trouve dignes. Nous en allons en faire un petit recueil dans le chapitre suivant.

CHAPITRE VINGT-HUITIÈME

Plusieurs miracles opérés par la vertu divine de la Sainte Tunique Inconsutile de Notre-Seigneur.

Je vais rapporter dans ce chapitre quelques-uns des miracles qui ont été faits dans Argenteuil par la vertu divine de la sainte Tunique de Notre-Seigneur. J'en ai tiré quelques-uns d'un procès-verbal authentique gardé au prieuré, quelques autres de quelques écrits laissés par un témoin oculaire, et quelques autres enfin tirés des certificats donnés en témoignage et dont j'ai été moi-même témoin oculaire.

Trois enfants mort-nés reçoivent la vie et le baptême devant la sainte Tunique.

Environ l'an 1597, la femme d'un boulanger d'Argenteuil, appelé Jean Charté, était accouchée de trois enfants morts-nés ; les parents les envoyèrent tous trois dans une boîte devant la sainte Tunique, où ils ne furent pas plus tôt posés qu'on vit les trois petites créatures se mouvoir et donner des signes de vie, pendant un temps suffisant pour leur conférer le Saint Sacrement du baptême, après lequel ils moururent incontinent une seconde fois. Ceci s'est passé en présence de plusieurs témoins.

Un autre enfant mort-né y reçoit aussi la vie et le baptême.

Le quatrième jour du mois de décembre 1604, on présenta un autre enfant mort-né, appartenant à un appelé Pierre Toulouzain, demeurant au bourg d'Argenteuil, devant la sainte Tunique inconsutile de Notre-Seigneur, lequel n'y fut pas plus tôt présenté qu'il reçut la vie et le baptême. Le Père de Bonneval, religieux sacristain de l'église du prieuré, dit avoir été témoin oculaire de cette merveille. Il l'a laissé par écrit avec plusieurs autres.

Une jeune demoiselle recouvre la vue par la vertu de la sainte Tunique de Notre-Seigneur.

Une jeune demoiselle de la ville de Paris avait

perdu la vue par une grande maladie pendant l'espace de dix-huit mois, et ayant eu recours au soulagement des médecins elle n'en reçut aucun soulagement, elle désespérait de revoir jamais la lumière, étant abandonnée des médecins, lorsqu'une de ses parentes la visita et lui donna le bon avis de se vouer à la sainte Tunique de Notre-Seigneur, à Argenteuil, assurant que plusieurs personnes affligées de semblables infirmités avaient reçu soulagement auprès de cette sainte relique, ce qu'elle confirmait par plusieurs exemples et particularités. La pauvre affligée s'y voue sur-le-champ avec promesse d'y envoyer le lendemain. Non-seulement le mari ratifia son vœu, mais lui-même partit de grand matin, en sorte que le sacristain ouvrant la porte de l'église l'y trouva, les genoux en terre, dès les cinq heures du matin, faisant ses prières. Il déclara au sacristain le sujet de son voyage; il se confessa et fit dire la sainte messe à laquelle il communia, puis on lui fit voir la sainte Tunique, qu'il adora les larmes aux yeux et laissant charge de faire une neuvaine. Il s'en retourna, promettant de revenir faire actions de grâces, si Dieu donnait soulagement à son épouse. Le cinquième jour de la neuvaine, elle fut parfaitement guérie et elle vint le même jour au prieuré faire des actions de grâces, se confessant et communiant à une messe, et après avoir adoré la sainte Tunique, elle s'en retourna saine et joyeuse, priant le sacristain de continuer la neuvaine.

Un jeune homme, serrurier de Vernon, retrouve la vue, le troisième jour de sa neuvaine.

Un compagnon serrurier de Vernon reçut la même faveur : il était tellement privé de la lumière des yeux qu'il avait besoin d'un conducteur pour le mener au lieu où il voulait aller; croyant son mal sans remède, il eut recours à la sainte Tunique de Notre-Seigneur, espérant avec foi une entière guérison par sa vertu miraculeuse; il se fit conduire dans l'église du prieuré vers la sainte relique; après avoir rendu ses adorations, il donna charge de faire une neuvaine pour lui et s'en retourna chez lui. Chose admirable, le troisième jour de la neuvaine, il fut parfaitement délivré de son mal et vint rendre ses actions de grâces à Notre-Seigneur devant la sainte Tunique.

Un homme travaillé de flux de sang est guéri.

Un marchand orfèvre de la ville de Paris,

nommé Symphorien Machet, était travaillé d'un flux de sang depuis huit mois sans y pouvoir trouver aucun remède. Il se voua enfin à la sainte Tunique de Notre-Seigneur Jésus-Christ, et vint lui rendre ses devoirs le jour de l'Ascension de l'année 1641. Il se confessa et communia à une messe qui fut dite à son intention et après avoir rendu ses adorations à la sainte Tunique, il se retira dans une des chapelles pour éviter la foule de peuple qui était dans l'église de tous les lieux circonvoisins, qui s'était rendue à Argenteuil pour y assister à la procession qui se fait chaque année ce jour-là. S'étant trouvé surpris d'une faiblesse et d'une sueur froide, il se coucha par terre, demeurant dans cette posture l'espace d'une demi-heure entière, puis se levant promptement et gaillardement, sans être aidé d'aucun, il dit à haute voix, poussée d'un cœur joyeux : « Je suis guéri, je me porte bien. » En effet, depuis ce temps-là, il ne s'est jamais ressenti de son mal, comme il l'a témoigné plusieurs fois, et en reconnaissance d'un si grand bienfait, il n'a point manqué tous les ans de venir à pareil jour dans Argenteuil pour y rendre hommage à la sainte Tunique en perpétuelle action de grâces d'un si grand bienfait.

Une femme, travaillée de flux de sang, est guérie

La même année 1641, une bourgeoise de Paris, âgée environ de soixante ans, était travaillée d'un flux de sang depuis l'espace de vingt années, sans avoir pu trouver aucun soulagement dans tous les remèdes de médecins; elle se voua à la sainte Tunique de Notre-Seigneur et vint à Argenteuil pour s'acquitter de son vœu; on dit la messe pour elle et elle donna ordre de faire une neuvaine, pendant laquelle elle se trouva guérie quoique absente. Cette guérison dura l'espace d'un mois, puis elle retomba dans sa première infirmité; elle a recours à son premier remède; étant donc venue rendre ses vœux à la sainte Tunique de Notre-Seigneur, elle consulta le sacristain sur la cause de sa rechute, lequel jugea aussitôt qu'elle était intérieure, c'est pourquoi il lui conseilla de purger sa conscience par le sacrement de pénitence; ce qu'elle fit, et s'étant approchée de la sainte Tunique, avec un cœur contrit et des yeux larmoyants, elle sentit du soulagement en elle sur-le-champ, qui s'augmentait toujours, elle s'en retourna saine et guérie. Depuis, étant retournée deux ou trois fois faire ses actions de grâces à la sainte Tunique, elle a toujours protesté qu'elle était parfaitement délivrée de son mal.

Pustules incurables guéries par la vertu de la sainte Tunique.

Un bourgeois de Paris, secrétaire du roi, qui avait une maison de plaisance dans Argenteuil, où il habitait la plus grande partie de l'été, était plein de pustules incurables par tout le corps, dont il fut guéri par la dévotion à la sainte Tunique. Il s'appelait Trouvé.

Mathurin Touzelain, lieutenant au baillage d'Argenteuil, était attaqué de semblables pustules qui provenaient d'un sang intempéré et jugées incurables par l'avis des médecins, qui lui suggérèrent de s'adresser à Dieu, qui était l'unique médecin de son mal. Il les crut, s'adressant à la vertu miraculeuse de la sainte Tunique par ses vœux, ses prières et sa neuvaine, pendant laquelle ayant fait toucher un linge blanc qu'il se fit appliquer sur les mains, il en fut guéri avant que sa neuvaine fut achevée.

Le même a déclaré le contenu par serment et dit avoir vu le roi Henri III venir offrir ses respects à la sainte Tunique, que le sacristain tira sur l'autel dans une petite cassette de bois, mais qu'on ne déploya point, parce que le sacristain disait qu'il fallait un jeûne de trois jours, permission du pape et quelques autres préparatifs. Le déposant était pour lors petit garçon et portait un cierge devant la croix et les prêtres de la paroisse qui vinrent en procession au prieuré pour ce sujet.

Hémorrhagie très grande guérie par la vertu de la sainte Tunique.

Un jeune homme, natif d'Argenteuil, était réduit à l'extrémité par une hémorragie qui lui faisait perdre tout son sang par le nez et qui lui avait été causée par une fâcheuse maladie ; on ne pouvait lui étancher le sang ; une nuit son père vient au prieuré sur le minuit, on lui fait toucher un linge à la sainte Tunique ; il le porta et l'appliqua incontinent sur le pauvre moribond ; le sang cessa de couler aussitôt et le malade fut parfaitement guéri, ayant repris ses forces sur-le-champ, et deux jours après, il vint au prieuré rendre ses actions de grâces à Notre-Seigneur pour la santé miraculeuse qu'il avait reçue par la vertu de la sainte Tunique.

Flux de sang guéri

Un marchand bourgeois de Paris, appelé Noël Aury, était fort incommodé d'un flux de sang ; il vint rendre ses adorations à la sainte Tunique, l'an 1640, et laissa charge de faire une neuvaine à son intention. Le troisième jour, il reçut entière et parfaite guérison. En reconnaissance de ce bienfait il n'a pas manqué de venir de temps en temps rendre ses actions de grâces à Notre-Seigneur d'une faveur si grande.

Hydropique guéri

Un sergent royal de Paris, étant fort mal sain de son naturel, tomba dans une longue maladie qui dégénéra en hydropisie si fâcheuse qu'il était devenu prodigieusement gros et enflé, ce qui faisait croire ou qu'il en dut crever ou étouffer. Car son enflure lui coupait entièrement l'haleine, sans que les médecins lui pussent donner le moindre soulagement ; toute son espérance était que la mort viendrait bientôt lui ôter ses douleurs en l'ôtant du monde. Un sien ami ayant appris le triste état du malade, alla le consoler de sa présence et comme un ami qui cherche toujours les moyens de soulager son ami dans le discours, il lui dit qu'il devrait mettre toute sa confiance en Dieu seul et se vouer à la sainte Tunique, car il savait que plusieurs personnes abandonnées des médecins avaient été soulagées par la vertu miraculeuse de cette sainte relique. Le malade entendit volontiers ses discours desquels ayant conçu quelque espérance, il se voua sur l'heure même à la sainte Tunique de Notre-Seigneur, suppliant son ami de le faire acquitter de son vœu au plus tôt. L'ami n'y manqua pas; il écrivit au sacristain d'Argenteuil pour le prier de faire une neuvaine à l'intention du malade, ce qu'il exécuta, en sorte que le pauvre hydropique vint lui-même quinze jours après rendre ses devoirs et actions de grâces à la sainte Tunique de la parfaite santé qu'il avait reçue par sa vertu divine, ayant été guéri pendant la neuvaine.

Sourd et muet guéri

Un jeune marquis, sourd et muet, reçut entièrement guérison de ses deux incommodités, après avoir rendu ses devoirs à la sainte Tunique, environ l'an 1652.

Infirmité de marcher guérie

Un enfant âgé de dix ans, tellement entrepris de mal de jambes qu'il ne pouvait marcher qu'avec des potences et encore avec peine, se trouva guéri le troisième jour de la neuvaine, laissant ses potences suspendues sur la châsse de la sainte Tunique en mémoire de sa guérison miraculeuse.

Autre miracle de même

La femme du fourrier des Suisses, qui étaient en garnison à Argenteuil, était tellement percluse qu'elle ne pouvait aucunement marcher, ayant commencé sa neuvaine à la sainte Tunique, elle fut parfaitement guérie le troisième jour, qui était le 17 janvier de l'an 1667.

Fièvres guéries

L'an 1664, une pensionnaire des Ursulines de la ville de Saint-Denis en France, étant fort abattue d'une fièvre continue et d'une toux violente, fut parfaitement guérie, revêtant une chemise qui avait touché à la sainte Tunique.

Une honnête dame, appelée Madame Créville de Paris, étant travaillée d'une fièvre double tierce, avait commencé une neuvaine à la sainte Tunique, étant venue le second jour de sa neuvaine dans l'église du prieuré à dessein de se confesser et communier, elle fut surprise du frisson et d'une tentation en même temps de s'en retourner, sans exécuter sa résolution, mais ayant suivi le conseil du R. P. prieur du monastère, elle se confessa et communia dans l'espérance que Dieu bénirait sa constance dans ses dévotions ; ce qui arriva, car son frisson se perdit et elle ne ressentit point du tout de frisson depuis ce temps-là ni de fièvre.

Un enfant, appelé Martin Denyse, d'Argenteuil, âgé de douze ans ou environ, fut fort travaillé d'une fièvre, l'espace de dix mois entiers pendant l'année 1667; ses parents ne lui épargnèrent quoique ce soit pour le soulager dans ses infirmités, mais en vain et sans qu'il s'en trouva mieux. Ils eurent donc recours à la sainte Tunique et firent dire une messe en son honneur le jour de sa translation, le 3 mai, dédié à l'Invention de la Sainte Croix et continuèrent la neuvaine. Dès le second jour, l'enfant commença à se porter mieux et recouvra une santé parfaite ; en reconnaissance de ce bienfait, il se donna au service de la sainte Tunique, suivant avec joie les messes qui se disaient en l'honneur de cette sainte relique ; ce fut lors qu'il me certifia plusieurs fois avec ses parents de la grâce miraculeuse qu'il avait reçue.

Aveugle guérie

La sœur d'une honnête dame, fort connue dans Argenteuil, avait une fille fort incommodée de la vue ; les médecins avaient jugé qu'elle devait la perdre infailliblement. Cette pauvre fille, craignant fort cette infortune, se voua à la sainte Tunique ; elle s'en approche ; elle y accomplit son vœu et elle y reçoit une guérison parfaite.

Fluxion incurable guérie

Une femme avait un bras tout desséché par la malignité d'une fluxion, dont ne trouvant aucun soulagement parmi les remèdes humains, elle se voue à la sainte Tunique par la vertu de laquelle elle reçoit l'usage de son bras aussi libre que de celui qui n'avait jamais été incommodé.

Paralysie guérie

Un officier du roi, appelé Louis Gaucher, demeurant au Pré-Saint-Gervais, proche Aubervillers, étant dans une paralysie, se revêtit d'une chemise touchée à la sainte Tunique, le 25 août 1664, et aussitôt il se trouva sain et en parfaite santé. En reconnaissance de cette grâce il vient tous les ans à pareil jour rendre ses devoirs à la sainte Tunique.

Aveugle guéri

Un habitant d'Argenteuil, appelé Pierre Renaud, fils d'Etienne, était aveugle depuis quatre mois et son mal jugé incurable de quatre médecins de Paris. S'étant appliqué sur les yeux un linge touché à la sainte Tunique, il fut guéri le quatrième jour de sa neuvaine.

Erysipèle guérie

Un célèbre docteur et curé de Paris avait une érysipèle qui lui défigurait tout le visage, sans y trouver de remède, de sorte qu'il n'osait paraître en chaire pour prêcher. Un jour, il vint dire la messe à Argenteuil devant la sainte Tunique à cette intention d'en être délivré, si c'était le bon plaisir de Dieu : il se trouve parfaitement guéri. Ce qu'il a publié à ses paroissiens dans ses sermons et il est retourné faire actions de grâce à la sainte Tunique, confessant le bienfait qu'il en avait reçu.

Moribonds soudainement guéris

Au mois de mars de l'an 1664, un enfant de Sannoy, proche Argenteuil, était à l'extrémité de maladie; ses parents ayant envoyé devant la sainte Tunique pour implorer la divine miséricorde et la vertu de la sainte relique, il reçut une parfaite santé au moment qu'on disait la messe devant la sainte Tunique pour lui.

J'ajouterai encore un autre miracle semblable à celui-ci pour achever le nombre des miracles que je me suis prescrit de coucher ici par écrit.

L'an 1665, un enfant appelé Georges Cheuillard, âgé de cinq ans, fils de Pierre Cheuillard, pour lors dans Argenteuil, fut attaqué d'une forte et dangereuse maladie. Les parents eurent premièrement recours aux remèdes humains; lesquels ne servirent qu'à augmenter la pauvreté des parents, car il n'en reçut aucun soulagement; celui qui le traitait en sa maladie l'abandonna, comme un enfant que la mort tenait déjà entre ses mains et dont il jugeait impossible humainement de l'en tirer; il pensait donc qu'il devait terminer sa vie avec le dernier jour de la même année 1665. En effet, il se trouva aux abois.

Lorsque la pauvre mère, toute désolée et éplorée le quitta pour aller chercher quelque remède auprès de la sainte Tunique, le sacristain lui fait toucher un linge à la sainte relique et elle court au plus vite vers son fils qui n'avait plus que quelque petit reste de vie ; elle lui applique son linge touché à la sainte Tunique et aussitôt on voit ce pauvre petit moribond se dégager des filets de la mort et donner des marques d'une meilleure santé. De moment en moment, cette pauvre mère affligée voyait palpablement de plus grands effets de la vertu de la sainte Tunique, jusqu'à ce qu'en peu de temps, sans autre remède, elle conduit son fils sain et très bien guéri dans l'église du prieuré devant la sainte Tunique, pour y rendre grâces à Notre-Seigneur du bienfait qu'ils venaient de recevoir de sa bonté toute miséricordieuse par le moyen de son saint vêtement.

Ceci est remarquable que cette pauvre mère, ayant rencontré le médecin de son fils par les rues, elle lui demanda à dessein pour voir ce qu'il dirait, pourquoi il ne venait pas voir son fils; lui qui avait abandonné l'enfant, comme une victime destiné en peu de temps pour la mort, répondit en ces termes : « Votre fils ! il y a déjà longtemps que votre fils est pourri. N'est-ce pas celui que je fus voir au mois de décembre dernier ? » — « Oui », répondit la mère. — « Or, sus, répartit le médecin, il y a déjà longtemps qu'il est enterré et pourri. » — « Nenni, dit la bonne mère, il se porte fort bien, Dieu merci. » — « Mais, comment donc ? Il faut qu'il y ait un miracle pour le préserver de la mort, car Dieu seul pouvait l'en garantir dans l'état auquel je l'ai laissé. » — « Il est vrai, dit la bonne mère, il tient la vie de la vertu de la sainte Tunique, je l'ai invoquée et j'ai été exaucée. » — Mais le médecin, incrédule, voulut voir ce fils qu'il trouva chez sa bonne mère en fort bonne santé et pour marque du miracle il l'appela : Petit Lazare.

J'ai appris ce miracle par la bouche du petit garçon, par le témoignage de la mère et par le certificat par écrit du médecin. J'en omets beaucoup d'autres pour ne point être trop ennuyeux ; ceux qui voudront en savoir davantage peuvent aller sur les lieux et ils trouveront encore des familles tout entières qui n'ont point d'autre médecin en leurs infirmités que la vertu de la sainte Tunique qu'ils implorent, selon ce que les personnes mêmes m'ont certifié devant le saint Sacrement.

CHAPITRE VINGT-NEUVIÈME

La Confrérie de la Sainte Tunique érigée dans l'église du Prieuré de l'Humilité de Notre-Dame d'Argenteuil.

Il y a une confrérie fort ancienne et immémoriale érigée sous le titre de la Sainte Tunique de Notre-Seigneur ; elle est très nombreuse, étant composée non seulement des personnes du bourg, mais encore de Paris et des autres pays circonvoisins, même des provinces éloignées.

Le pape Paul V l'a approuvée et lui a donné des indulgences à perpétuité, la neuvième année de son Pontificat, le 13 janvier 1613. Le pape Innocent X les a renouvelées et confirmées le 11 juillet 1653, la neuvième année de son Pontificat.

Ces indulgences sont plénières pour les Confrères, les jours de leur entrée dans la Confrérie, le lundi de Pâques, le 22 avril dédié à la mémoire de Saint Denis et de ses compagnons martyrs, le jour de l'Ascension, le lundi de la Pentecôte, le jour de l'Invention de la Sainte-Croix, le 3 mai ; le jour de l'Exaltation de la Sainte-Croix, le 14 septembre ; en visitant l'église du prieuré de Notre-Dame d'Argenteuil, se confessant et communiant, et priant pour les intentions portées en la bulle.

A l'article de la mort chaque confrère proférant de cœur, ne pouvant le faire de bouche, trois fois Jésus Maria gagne indulgence plénière et rémission de tous les péchés. On pourra voir les autres indulgences dans la bulle.

Cette Confrérie avait coutume de faire dire tous les jours une messe en l'honneur de la sainte Tunique ; elle était sonnée avec la grosse cloche en branle et était payée par chaque confrère selon l'ordre de sa réception. Mais cette dévotion a dégénéré à quatre par semaine, savoir le dimanche, lundi, mercredi et vendredi.

Au décès de chaque confrère le bâtonnier ou procureur de la confrérie fait dire une messe de Notre-Dame, une autre du Saint-Esprit basses et une troisième de *Requiem*, le tout payé aux dépens de la Confrérie.

CHAPITRE TRENTIÈME

Cérémonies à observer par tradition pour l'ostension de la Sainte Tunique

La tradition porte qu'il fallait une permission expresse du Pape qui déléguait quelques fameux prélats pour faire la cérémonie de l'ostension publique de la sainte Tunique de Notre-Seigneur, mais il n'accordait cette permission que pour des raisons très fortes et à condition qu'on observerait un jeûne de trois jours auparavant, ce qui s'est pratiqué dans la célèbre translation de la même relique de la ville de Zaphat en Jérusalem, comme on peut voir chez les auteurs que j'ai cités en leurs lieux.

Ce qui s'est aussi observé en la translation et invention de la même sainte Tunique dans le monastère d'Argenteuil, les rois et les princes y assistaient ordinairement, comme saint Charlemagne et Louis septième. Par succession de temps on avait pris la liberté de la montrer aux principales fêtes de l'année, mais cet abus a été justement réformé. Gaultier en sa *Chronique* dit l'avoir vue dans les cérémonies solennelles.

C'est ce que j'ai appris par tradition d'un ancien religieux du monastère d'Argenteuil, qui dit l'avoir appris d'un autre religieux, aussi fort vieux, en l'an 1609; en sorte que le dernier témoignage est une tradition de plus de 150 ans.

CHAPITRE TRENTE ET UNIÈME

Ancienne messe de la Sainte Tunique inconsutile, tirée mot pour mot d'un ancien missel de Paris, imprimé en l'an 1505 et qui se garde encore aujourd'hui dans la paroisse du faubourg de Saint Laurent, à Paris ; elle est toute conforme à celle que nous avons dans un ancien manuscrit de deux cent cinquante ans.

MISSA
DE TUNICA INCONSUTILI

Jesu Christi

Introitus : Ipsi vero consideraverunt me, diviserunt sibi vestimenta mea et super vestem meam miserunt sortem.

Psalm. Deus Deus respice in me : quare me dereliquisti ? longe a salute mea verba delictorum meorum. *Gloria Patri.*

Kyrie eleison, etc, *Gloria in excelsis Deo.*

Oratio

Omnipotens sempiterne Deus, qui humano generi ad imitandum humilitatis exemplum Salvatorem nostrum carnem sumere et crucem subire fecisti, supraque sacram et inconsutilem Tunicam ejusdem sortem mitti permisisti ; concede propitius nos humilitatis et patientiæ ipsius sequi vestigia, ut resurrectionis gratia veste cœlesti stolâque immortalitatis indui, cum sanctis et electis tuis, mereamur. Per eumdem Christum Dominum nostrum.

Lectio Isaïæ Prophetæ (cap. 62 et 63

Hæc dicit Dominus Deus : dicite Filiæ Sion : ecce Salvator tuus venit ; ecce merces ejus cum eo, etc. *usque ad hæc verba* : Miserationem Domini recordabor. Laudem Domini annuntiavi super omnibus quæ reddidit nobis Dominus Deus noster.

℟. Erat autem Tunica inconsutilis desuper contexta per totum.

℣. Non scindamus eam, sed sortiamur de illâ cujus sit.

℟. Ego autem cum mihi molesti essent, induebar cilicio et humiliabam in jejunio animam meam et oratio mea in sinu meo convertetur.

℣ Judica, Domine, nocentes me, depugna impugnantes me, apprehende arma et scutum et exurge in adjutorium mihi. Alleluia.

℣. Cum Jesus oraret in monte, facta est species vultus

ejus altera et vestitus ejus albus et resplendens. Alleluia.

℣. Partiti sunt vestimenta mea sibi et super vestem meam miserunt sortem. Alleluia.

℣. Laudes jubilationis divinitati unicæ, resonemus armonice, in die Translationis inconsutilis Tunicæ, nam salutis condimentum et hæc est sanitatis ; claritatis dat augmentum ; comes quoque fuit crucis.

℣. Tunica inconsutilis dignissimum vestimentum quæ cunctis est perutilis et salutis nutrimentum. Alleluia.

℣. Vagit infans inter arcta conditus præsepia, membra pannis involuta Virgo Mater alligat, pedes manus atque crura stricta scingit fascia.

PROSA

1

Plebs pistica prome laudes
Redemptori cujus gaudes
Habitu dignissimo.

2

Fide firma per quam vales
Hostiles vincere fraudes
Aggressu tutissimo.

3

Vestis hæc est manuale
Matris opus virginale
Actum sine sutura.

4

Corpus tegit filiale

Donec debitum mortale
Feret pro creatura.

5

O mirandum vestimentum
Cujus ætas dat augmentum
Ab ejus infantia.

6

Simul sumit incrementum
Nullum vestis nocumentum
Gerens labis nescia.

7

Hanc Judæi rapuerunt
Et sortem super miserunt
Nolentes partiri.

8
Nam quod vates prædixerunt
Hoc ignari perduxerunt
Effectum sortiri.

9
Quam ab oris gentilium
Imperator fidelium
Carolus extraxit.

10
Regno gestante lilium
Per virtutis auxilium
Hæc famam protraxit.

11
Ab argento sumpsit nomen
Oppidum quo dedit numen
Sacram collocari.

12
Ubi gratis dat juvamen
Christicolis hoc velamen
Dignun decorari.

13
Guerrarum per intervalla
Vestis muro latens illa
Stat nullo sciente.

14
Unde fulgent miracula
Monacho per oracula
Angelo dicente.

15
O quam certa probatio
Indiscreta devotio
Militi frangenti.

16
Cui vitæ sedatio
Fuit et restauratio
Reatum lugenti.

17
Ut fore Christi Tunicam
Quam mater egit unicam
Fidelis confidat.

18
Gratiarum munificam
Et nostræ precis amicam
Hanc nullus diffidat.

19
Quam colentes post mortalem
Stolam Christus immortalem
Det ferre nuptiis.

20
Perducens ad triumphalem
Collætantes Jerusalem
Summis deliciis.

                Amen.

Vacante : Alleluia.

Tractus

℣ Deus Deus meus, respice in me : quare me dereliquisti?

℣ Omnes qui videbant me aspernabantur me, locuti sunt labiis et moverunt caput.

℣ Ipsi vero consideraverunt et inspexerunt me, diviserunt sibi vestimenta mea et super vestem meam miserunt sortem.

Alius tractus

℣ Tunica inconsutilis dignissimum vestimentum.

℣ Quæ cunctis est perutilis et salutis nutrimentum.

℣ Tolle nobis detrimentum dæmonis carnis et mundi.

℟ Ut per tuum condimentum simus a peccatis mundi.

Sequentia Sancti Evangelii secundum Joannem
           Cap. 19.

In illo tempore milites cum crucifixissent Jesum, etc. *usque ad illa verba* et milites quidem hæc fecerunt.

CREDO

Offertorium

Postquam milites crucifixissent Jesum, diviserunt vestimenta ejus, sortem mittentes, ut adimpleretur quod dictum est per prophetam dicentem : diviserunt *sibi vestimenta mea et super vestem meam miserunt sortem.* Alleluia.

Aliud offertorium

Exuentes Jesum milites præsidis purpureum vestimentum, induerunt eum vestimentis suis et duxerunt eum in locum Calvariæ et crucifigentes eum diviserunt vestimenta ejus, sortem mittentes super eis. Alleluia.

Secreta

Suscipe, quæsumus Domine, munus oblatum et dignanter operare ut quod inconsutilis Tunicæ Filii tui Domini nostri passionis mysterio gerimus piis affectibus consequamur. Per eumdem Christum, etc.

Præfatio dicitur de Cruce

Communio

Et crucifigentes Jesum diviserunt vestimenta ejus, sortem mittentes super eis.

Alia communio

Præ cœteris nobilior tunicarum passione ipsa fuit

et dignior; nam illa per matrem consuta remansit indivisa, mittentes super illam sortem.

POSTCOMMUNIO

Adesto nobis, Domine Deus noster, ut per hæc mysteria veneranda quæ temporalem mortem Filii tui testantur, quia Idem dignatus es exui suis vestimentis, et purgemur a vitiis et a periculis omnibus eruamur. Per eumdem Dominum, etc.

Cette messe se dit tous les jours votive pour les personnes qui le désirent et aux jours de Sainte Croix de mai et de septembre, dédiés à l'honneur de la sainte Tunique de Notre-Seigneur Jésus-Christ ; auxquels jours on dit une oraison seulement, mais aux messes votives la seconde oraison était de la croix et la troisième de Notre-Dame, comme elle est marquée dans les missels romains dans les messes votives de Notre-Dame.

CHAPITRE TRENTE-DEUXIÈME

Autres reliques qui ont accompagné la Sainte Tunique inconsutile dans le prieuré de Notre-Dame d'Argenteuil.

Une châsse de bois doré dans laquelle sont les reliques de Sainte Christine, vierge et martyre, dont le martyrologe romain fait une honorable mémoire. Il y a confrérie érigée sous le nom de la même sainte dans l'église du prieuré d'Argenteuil.

Un ossement d'un bras de Saint Prix, évêque de Clermont en Auvergne et martyr ; il y a aussi confrérie du même saint dans la même église.

Un vertèbre de saint Médard, évêque de Noyon.

Un ossement considérable de saint Thomas, archevêque de Cantorbéry et martyr.

Une partie d'un crâne qu'on croit par tradition être de sainte Marguerite, vierge et martyre.

Un reliquaire dans lequel sont enchâssés des corporaux de saint Denis Aréopagite.

Une petite fiole dans laquelle est une relique appelée le lait de Notre-Dame.

Une bulle du pape Nicolas IV vérifie que l'église de l'humilité de Notre-Dame d'Argenteuil possédait anciennement la châsse et les ossements de saint Eugène; ma pensée est que c'est celle qui est maintenant à Saint-Denis.

Il y avait une parcelle de la Tunique inconsutile de Notre-Seigneur enchâssée en un marc d'argent, mais elle a été dérobée par les impies l'an 1533, avec le bras de Saint-Ouen, enchâssé en trois ou quatre marcs d'argent. La main de Saint Prix fut aussi enlevée, mais elle fut délaissée nue dans la même église, les voleurs s'étant contentés d'emporter le reliquaire d'argent, pesant deux ou trois marcs; c'est ce que j'ai pu découvrir dans les mémoires dudit prieuré.

CHAPITRE COMPLÉMENTAIRE

La Sainte Tunique Inconsutile de Notre Seigneur est enfermée dans une riche châsse, don de la duchesse de Guise. — Elle est sauvée pendant la Révolution et rendue au culte par le zèle des Curés d'Argenteuil avec l'approbation des Evêques de Versailles. — Solennelle ostension du 14 mai 1894.

Aucun des lecteurs de l'œuvre de dom Robert Wyard ne sera surpris que nous ayons jugé utile d'ajouter quelques lignes au manuscrit, pour conduire l'histoire de la Sainte Tunique jusqu'à nos jours et pour montrer par quelle préservation providentielle elle échappa au vandalisme révolutionnaire, si funeste aux trésors des églises et aux cendres des saints.

Les religieux de Saint-Maur, comme on l'a vu plus haut, entretenaient avec la plus constante sollicitude la dévotion dont ils avaient été constitués les gardiens ; ils publiaient les grâces obtenues et les guérisons opérées. Les processions solennelles étaient célébrées avec pompe : elles attiraient un immense concours de Paris et des environs. Les pélerinages ne cessaient pas ; un des plus remarqués fut en 1675, celui de la duchesse de Guise. Cette princesse, fille de Gaston d'Orléans et de sa seconde femme, Marguerite de Lorraine, était très pieuse, tout occupée, comme disent les Mémoires de Saint-Simon, à la prière et aux bonnes œuvres ; disgraciée de la nature, presque comptée pour rien par le roi et par son frère, épouse d'un mari au-dessous de sa condition, elle venait de voir son fils unique, âgé de cinq ans, subitement emporté par la petite vérole ; son affliction avait été immense ; elle se consolait dans la pratique de la charité et de la dévotion.

En s'approchant de l'incomparable relique, elle fut frappée de la pauvreté de la châsse qui la contenait et conçut le dessein d'en offrir une plus belle ; elle la fit exécuter en vermeil doré et l'enrichit de pierreries d'un grand prix. Le transfert de la sainte Robe de l'ancienne châsse de bois dans cette nouvelle eut lieu le 22 octobre 1680. La duchesse avait désiré être présente ; elle avait amené avec elle une de ses tantes, Françoise de

Lorraine, abbesse de Montmartre, quatre autres religieuses et deux de ses aumôniers.

Dom Charles Petey de l'Hostallerie était prieur du monastère ; mais la cérémonie fut présidée par Dom Claude Boistard, prieur de Saint Germain-des-Prés et vicaire-général de l'Archevêque de Paris. (1)

L'ancien reliquaire fut ouvert dans la sacristie ; « on en tira, comme s'exprime le procès-verbal, une petite caisse garnie de bandes de fer, où la sainte Tunique était enfermée ; on la fit ouvrir par un serrurier, et en ayant tiré cette sainte Tunique que nous trouvâmes enveloppée d'un velours noir, nous l'avons dépliée et fait baiser aux princesses et aux assistants, qui ont aussitôt fait toucher à la sainte Robe des médailles, des chapelets et autres choses semblables. Cela étant fait, nous n'avons pu refuser à la piété et aux instantes prières de cette illustre Princesse un petit morceau de ce précieux trésor qu'elle nous a demandé et qu'elle a reçu avec beaucoup de piété et de démonstration de reconnaissance. Ensuite sa dite Altesse ayant étendu une étoffe de soie dans la

---

(1) Dom Ch. de l'Hostallerie fut prieur d'Argenteuil du mois de juin 1675 au même mois de 1681 ; né dans le diocèse de Chartres, il s'était consacré à Dieu à l'âge de dix-huit ans, dans l'abbaye de Vendôme, le 30 juin 1659 ; il fut supérieur général de la Congrégation de Saint-Maur et décéda à Saint Germain-des-Prés le 18 mars 1721.

châsse neuve, nous y avons mis la sainte Robe et nous avons fait fermer ladite châsse par un orfèvre » (2).

Une procession et un *Te Deum* chanté dans l'église, au son des cloches, marquèrent la fin de cette belle journée.

Pendant tout le dix-huitième siècle jusqu'à la Révolution, la Tunique inconsutile de Notre-Seigneur demeura exposée dans la châsse offerte par la princesse dont l'éminente vertu excitait l'admiration de l'abbé de Rancé. C'est elle qui figure dans l'inventaire des biens, meubles et immeubles du monastère remis par le dernier prieur, Dom Charré, à la municipalité, et elle fut portée sans aucune violation, quand les bénédictins furent chassés, de leur église conventuelle à l'église communale. Le curé M. Ozet en devient le gardien et les paroissiens comme les possesseurs.

On organise une véritable fête religieuse et civique pour cette translation ; les municipalités du canton sont invitées ; les corps et les sociétés du bourg prennent place dans le cortège. Le fanatisme et l'impiété ne dominaient pas encore ; on n'était qu'au 2 juin 1791. Mais viennent les

---

(2) Ce procès-verbal a été publié par M. l'abbé Jacquemot, *op. laud.*

décrets de la Convention et le culte catholique aboli, les temples fermés, les prêtres suspects, on sera obligé de porter fondre à la Monnaie vases sacrés et reliquaires. « Le dix-huit novembre mil sept cent quatre-vingt treize, écrit le curé d'Argenteuil au dos du procès-verbal de Dom Boistard, je soussigné ai retiré la Robe de Notre-Seigneur Jésus-Christ de la châsse de vermeil où elle était renfermée, afin de seconder le vœu des habitants qui ont fait porter toute l'Argenterie de la commune à la Convention nationale ».

En livrant le reliquaire, le pauvre prêtre espère préserver la relique et déjouer les projets de l'impiété par un sacrifice, qui en empêchera un autre absolument irréparable. Mais bientôt il se sent menacé ; sa liberté et sa vie sont en danger ; le serment qu'il a prêté, mais qu'il a depuis rétracté, ne le met pas à l'abri des colères des terroristes du bourg ; pour qu'elle ne puisse tomber entre des mains qui la profaneraient et lui infligeraient de sacrilèges affronts, M. Ozet se résout à couper la Sainte Tunique en morceaux ; il en distribue des fragments à quelques fidèles et pendant la nuit, accompagné d'un homme sûr, son sacristain, il enfouit, en deux endroits du jardin de son presbytère, les lambeaux vénérés qui restent. Bientôt conduit en prison à Saint Germain-en-Laye, il y passe deux ans, mais à peine délivré, son plus pressant souci est de retrouver le trésor qu'il a caché, il l'exhume en effet le jeudi de l'Ascension 1795. La Providence ne tardera pas à faire reluire les beaux jours et les triomphes d'autrefois.

Le Concordat signé et le catholicisme rétabli, le nouveau pasteur, l'abbé Guédechen, s'empresse de renouveler les traditions et les coutumes du passé ; la gloire de son église lui est chère ; le legs de tant de siècles, unanimes dans leur vénération et dans leur foi, trouvera en lui et en tous ses successeurs des mandataires fidèles et diligents.

Une pétition, le 27 avril 1804, est adressée au cardinal Caprara, légat du Saint-Siège en France, pour qu'il daigne renouveler et confirmer au besoin la bulle d'Innocent X et les indulgences qu'elle accordait ; consacrer ainsi la reprise du culte rendu à la sainte Tunique et sa légitimité ; ce vœu est exaucé ; l'évêque de Versailles, Mgr Charrier de la Roche, prescrit une enquête ; l'authenticité de la relique est attestée par nombre de témoins, habitants du pays, notables et considérés, et le 18 mai 1804 paraît l'ordonnance qui permet que l'exposition de la Robe de Jésus-Christ soit continuée avec tout le respect et tous les honneurs dont elle était l'objet, dans le Prieuré de l'Humilité de Notre-Dame.

» La restauration du culte prit un essor décisif, vers le milieu du xıx^e siècle, lisons-nous dan l'éloquente Lettre Pastorale de Mgr Goux, lorsque M. l'abbé Millet, curé d'Argenteuil, par ses efforts continus et par d'actives recherches, retrouva dans les archives départementales la plupart des titres emportés du Prieuré, fit rentrer de nouveaux fragments qui n'avaient pas encore été rendus, excita le zèle pour les pèlerinages, et pour remplacer l'ancienne Église d'Argenteuil, petite et dégradée, entreprit la construction d'un édifice nouveau plus digne de ce qu'il devait renfermer.

» Nos vénérés prédécesseurs, avec une piété qui les honore et qui atteste leur foi à l'authenticité de la sainte relique, s'associèrent par des actes significatifs à ces pieux efforts.

» En 1841, Mgr Blanquart de Bailleul autorisait, aux jours où la rubrique le permet, la célébration d'une messe votive et la récitation d'une prose extraite par Dom Guéranger des missels gothiques de Paris et possédant plusieurs siècles d'antiquité.

» En 1844, Mgr Gros, de sage et vénérée mémoire, venait à Argenteuil présider à la translation de la sainte Tunique dans le superbe reliquaire qui sert à la renfermer encore aujourd'hui. (1)

---

(1) Cette cérémonie s'accomplit le 12 août 1844; la nouvelle châsse avait été exécutée sur les dessins du R. P. Arthur Martin S. J. par M. Cahier orfèvre à Paris. M. l'abbé Millet reçut alors de l'évêque de Versailles une parcelle de la précieuse relique : il voulut bien en détacher au profit

» En 1866, Mgr Mabile, notre prédécesseur immédiat, donnait une preuve de ses sentiments et de son zèle en consacrant la belle et nouvelle église d'Argenteuil.

» Les souverains Pontifes qui occupaient dans le même temps la chaire de saint Pierre se sont eux-mêmes unis à ces hommages dans la mesure qui leur appartenait.

» Grégoire XVI, ouvrant les trésors de l'Eglise, comme l'avaient fait jadis aux mêmes fins les Papes Innocent X et Paul V, accordait le privilège de l'indulgence plénière aux messes qui seraient célébrées pour les défunts à l'autel *où se trouve déposé le vêtement ou la Tunique de Notre-Seigneur Jésus-Christ.*

» Pie IX, si connu pour sa tendre piété, manifesta peu de temps après son retour à Rome, en 1854, le désir de posséder une portion *aussi considérable que possible* disait la lettre écrite en son nom, du sacré vêtement, et en reconnaissance de ce don précieux qui lui fut apporté à Rome par le curé d'Argenteuil, il fit présent à son église d'un cierge magnifiquement décoré qui se voit encore avec une inscription commémorative sur l'un des piliers de

---

d'une pieuse dame à peu près la largeur d'un centimètre carré, ce fragment est aujourd'hui en la possession de celui qui écrit ces lignes avec la lettre du donateur qui en établit la parfaite authenticité.

la chapelle où la Sainte Tunique est conservée. (1)

Ce mouvement religieux n'a fait que s'accentuer dans ces dernières années ; il préparait avec une évidente opportunité les fêtes splendides déjà commencées ; elles rempliront la dernière quinzaine du mois de mai et la première quinzaine du mois suivant, et elles promettent de provoquer dans le sanctuaire d'Argenteuil un concours et une dévotion qui dépasseront tout ce qui s'est vu jusqu'à présent.

On a résolu d'exposer la Sainte Robe du Sauveur dans un reliquaire assez élevé et assez vaste pour la contenir et la laisser apercevoir, derrière des glaces, entièrement déployée. Cette décision provoquée par l'initiative et les instances de M. le curé actuel, M. Tessier, approuvée par l'Ordinaire, très favorablement accueilli par l'opinion, a fourni l'occasion d'une nouvelle inspection de l'ancienne relique ; Mgr Goux n'a pas hésité à confier à l'expertise de savants chimistes l'analyse des taches épaisses et larges qu'elle portait et il a demandé aux directeurs de la manufacture nationale des Gobelins leur opinion sur la nature du tissu dont elle était composée. En même temps on exécutait

---

(1) *Lettre Pastorale de Mgr l'Evêque de Versailles et Mandement pour annoncer l'ostension solennelle de la Sainte-Tunique de Notre-Seigneur Jésus-Christ.* — Donné à Versailles le 20 mars 1894.

un travail destiné à la conserver et on l'appliquait maille par maille sur une étoffe préparée d'avance et garantie par des antiseptiques contre toute détérioration.

Il convient de terminer ce chapitre par la production des rapports officiels eux-mêmes ; ces éléments nouveaux et inattendus, un peu hardis peut être dans la question, ont une valeur qui a frappé les plus inattentifs : la science venant en aide à l'histoire traditionnelle, les découvertes du microscope d'accord avec les gothiques récits des chroniqueurs, voilà certes de quoi désarmer les plus sceptiques et confondre les plus fanfarons.

Recherches sur les échantillons de tissu ancien conservés dans le trésor de l'église paroissiale d'Argenteuil.

Ces échantillons sont au nombre de trois : ils proviennent évidemment du même tissu.

1° Un fil isolé, d'environ deux centimètres de long, sur lequel ont porté les essais chimiques proprement dits.

2° Une petite portion de tissu, d'environ deux centimètres carrés, qui a permis d'étudier le genre de tissage. Nous avons fait aussi quelques essais chimiques sur un des fils de ce tissu.

3° Une autre partie de tissu, un peu plus grande, enfermée sous verre dans un reliquaire, scellé d'un sceau de cire rouge. Cette portion a été photographiée et agrandie, de manière à bien montrer l'aspect général et le mode de tissage.

I. — *Genre du tissu.*

C'est une sorte d'*étamine* dont le tissu n'est pas très serré, mais souple et léger. La chaîne et la trame sont exactement de même grosseur et de même nature. Le tissage a été fait sur un métier à tisser très primitif; l'ouvrage est néanmoins fort régulier.

La grosseur de ces fils est d'une régularité remarquable, surtout pour des fils obtenus par le tissage à la main.

II. — *Nature de la fibre.*

Soumis à l'action de la chaleur, le fil commence par se fondre en se boursoufflant, il dégage des vapeurs ammoniacales (bleuissant le papier rouge de tournesol).

Aucun doute n'est possible, le fil est de nature *animale*.

Après macération d'une heure dans l'eau distillée, le fil s'ouvre et se sépare en un grand nombre de crins.

Les fibres isolées ont été minutieusement étudiées au microscope. Comparées aux fibres constituant le poil de chameau, elles n'y ressemblent pas du tout : car le poil de chameau présente une surface absolument lisse, même avec un grossissement de 5oo diamètres ; tandis que les fibres du tissu examiné offrent exactement l'aspect des fibrilles de laine : surface formées d'*écailles imbriquées* parfaitement nettes.

Les différences avec le poil de chèvre ne sont pas moins accentuées.

Il nous paraît donc absolument certain que la matière première du tissu examiné n'est autre que la laine fine, filée à peu près à la même grosseur que nos laines employées à la Manufacture nationale de Beauvais.

III. — *Le tissu a-t-il reçu une teinture ?*

On pourrait croire que la teinte *brun rouge foncé* que présente le tissu vient de la couleur de la laine elle-même : cependant le *reflet rouge violacé* très uniforme doit provenir d'une teinture.

La fibre, traitée par l'eau oxygénée, prend une teinte beaucoup plus claire ; la teinture se détruit en partie, et les écailles imbriquées constituant la surface de la laine sont beaucoup plus visibles. Il y a pour nous analogie complète (*et même identité*), comme matières premières et comme fabrication, entre le tissu examiné et les *anciens tissus coptes trouvés dans les tombeaux chrétiens des* 2e *et* 3e *siècles de l'ère chrétienne*. Certains de ces tissus sont teints en *brun violacé* ; jusqu'à présent il a été impossible de reconnaître la nature de cette matière colorante, mais le ton et l'aspect microscopique des fibres teintes sont absolument les mêmes que ceux du tissu que nous avons étudié. Cette matière *brun rouge* est peut-être la *pourpre* des anciens, altérée par le temps.

Paris, 10 février 1893.

Guignet,
Directeur des Teintures aux Manufactures nationales des Gobelins et de Beauvais

E. David,
Sous-Directeur des Teintures.

RAPPORT DES CHIMISTES-EXPERTS.

« Nous soussignés, Ph. Lafon, chimiste-expert, lauréat de l'Académie de médecine de Paris, Directeur du Laboratoire de recherches appliquées à la médecine et à l'hygiène, 7, rue des Saints-Pères, Paris ;

« Et J. Roussel, pharmacien de 1re classe, membre de la Société chimique de Paris, 2, rue du Cherche-Midi, Paris : Commis par Mgr Goux, Evêque de Versailles, à l'effet de procéder à l'examen de la Tunique de Notre-Seigneur Jésus-Christ, conservée comme Sainte Relique à Argenteuil, et de nous prononcer sur cette question : Quelle est la nature des taches dont ce tissu est maculé ?

« Certifions avoir fait les examens chimiques et microscopiques suivants :

1. — *Réaction par la teinture de Gayac et l'essence térébenthine.*

« Après avoir laissé en contact dans l'eau distillée, pendant plusieurs heures, des fragments de taches à examiner, nous avons recueilli sur du papier blanc non collé, plié en plusieurs doubles, l'empreinte de deux taches. Après addition sur ces empreintes de quelques gouttes d'un mélange fait à parties égales de teinture de Gayac et d'essence de térébenthine, nous avons obtenu une coloration verdâtre. On sait que cette réaction appartient au sang, ainsi qu'à d'autres liquides de l'économie.

II. — *Examen spectroscopique.*

« Ces taches, après une longue macération dans l'eau distillée, donnent une solution à peine colorée. Les recherches spectroscopiques de l'hémoglobine, de ses dérivés et produits de transformation sur ce liquide, nous ont conduits à un résultat sensiblement négatif.

III. — *Recherche des globules sanguins.*

« Nous avons laissé en contact dans un sérium artificiel (solution de sulfate de soude à 5 o/o) des fragments de taches durant plusieurs jours. Dans ce liquide de macération, après grattage et dissolution du tissu, nous avons trouvé quelques globules rouges de sang inaltérés. Le nombre de ces éléments et leur forme caractéristique sont suffisants pour établir l'existence de taches de sang.

IV. — *Formation des cristaux d'hémine.*

« Une nouvelle portion de la tache a été mise en présence d'une goutte de chlorure de sodium au 1/1000 durant plusieurs jours, à l'abri de l'air. Le résidu salin, obtenu après évaporation, a été soumis à l'action de l'acide acétique glacial. Les additions et évaporations successives de l'acide acétique ont été répétées un grand nombre de fois. Après évaporation et disparition complète de l'acide acétique, nous avons vu au microscope, avec un grossissement de 100 diamètres, quelques cristaux d'hémine, chlorydrate d'hématine ou cristaux de Teichmann. Cette réaction est propre au sang et caractérise cette substance.

V — *Recherche du fer.*

« La recherche du fer peut être également utilisée pour déterminer la présence du sang. Dans nos essais, nous avons effectué parallèlement deux séries de recherches du fer, l'une sur des fragments qui, à l'œil nu, laissaient voir des taches, l'autre sur une portion de la tunique non tachée. Sur les deux fragments, nous avons obtenu toutes les réactions nettes et abondantes du fer par le ferrocyanure de potassium, le sulfocyanure de potassium, etc., etc. L'abondance des réactions des sels de fer est trop grande, à notre sens, pour être due à des traces de sang. D'ailleurs la réaction était identique dans la portion tachée et dans la partie non tachée. Nous attribuons ce fer à la substance première qui a dû servir à teindre le tisssu.

« En résumé, nous avons obtenu sur la portion de la tunique empreinte de taches :

« 1° Une légère coloration verte avec la teinture de Gayac et l'essence térébenthine ;

« 2° La présence de quelques hématies ou globules rouges du sang, avec un liquide conservateur ;

« 3° Un petit nombre de cristaux d'hémine ou de chlorydrate d'hématine.

« Ces caractères sont suffisants pour nous permettre d'affirmer que les taches examinées sont bien dues à du sang.

« Fait en notre laboratoire, 7, rue des Saints-Pères

« Paris, le 10 avril 1892.

« Ph. Lafon.   J. Roussel. »

Relation du travail exécuté à Argenteuil pour la conservation de la Sainte Tunique

L'an de Notre-Seigneur 1892, le 26 avril, en présence de M. l'abbé Tessier, chanoine, curé-doyen d'Argenteuil, de M. l'abbé Chevallier, chanoine-aumônier de Bezons, de M. l'abbé Jacquemot, curé-doyen de Boissy-Saint-Léger, il a été procédé au travail jugé nécessaire pour la conservation de la Sainte Tunique. Sur la demande de Mgr l'évêque de Versailles, M. l'abbé Gallet, chanoine titulaire de la cathédrale, avait bien voulu se charger de faire l'application du tissu de la Sainte Relique sur une étoffe préparée d'avance et garantie par des antiseptiques contre toute détérioration.

Cette étoffe, de même couleur à peu près que la relique, est d'un tissu très différent, pour éviter toute confusion. La commission réunie, la Sainte Tunique a été extraite du reliquaire, après que M. le curé d'Argenteuil, suivant l'autorisation de Mgr l'évêque, eut brisé les sceaux. Le morceau le plus important (1 m. 22 $\times$ 1 m. 10), déroulé sur la table en suivant très exactement le fil de la chaîne, contient, dans sa hauteur : 1° toute la partie du dos qui demeure encore; 2° l'encolure, dont l'ourlet déchiré est mis à part ; 3º les épaules, dont le tissu se prolonge en largeur et forme : 4º les manches à peu près entières comme largeur, mais au tiers environ de leur longueur et déchirées en dessous ; 5º le haut de la poitrine.

Le second morceau est un carré long (o m. 68 × o m. 43), et relativement bien conservé. Il a été déchiré, non décousu, sur les quatre côtés. Les extrémités supérieures de cette pièce sont semblables ; toutes deux raccommodées sous les aisselles, l'une avec un morceau pareil au vêtement et un fragment d'une étoffe à tissu très fin, très régulier et plus foncé en couleur, qui complète le premier morceau ; l'autre avec cette dernière étoffe seulement. Cette pièce fait toute la largeur de la poitrine. Les déchirures de ce second morceau s'adaptant parfaitement aux déchirures du premier, tous deux ont été rapprochés et forment le pourtour entier du vêtement, offrant une largeur totale d'environ 1 m. 80, soit, pour le dos et le devant, chacun o m. 90. C'est le vêtement d'un homme.

Le troisième morceau a été jadis déchiré d'équerre, à droit fil ; il est presque triangulaire (o m. 36 × o m. 22). Il a paru provenir du bas du vêtement, où se trouve une déchirure également d'équerre et de dimensions correspondantes.

Le quatrième morceau est irrégulier, étroit,

fort abîmé (o m. 35 × o m. 12). Il a été placé dans la partie qui manque au premier morceau à l'épaule droite.

Les deux premiers morceaux, correspondant parfaitement par leurs déchirures, ont certainement leur place primitive ; les deux derniers, qui n'ajoutent rien d'essentiel à la forme du précieux vêtement, ont été fixés sur l'étoffe de soutien, sans que l'on puisse affirmer absolument que leur place actuelle soit bien celle qui leur appartenait.

Telle qu'elle est, la relique présente une forme identique à celle que lui donnent les anciennes images : un vêtement droit, avec l'encolure pour passer la tête, deux manches courtes retombant sur les côtés.

Il manque toute la bande inférieure, ce qui explique comment les dimensions signalées autrefois (4 pieds 1/2 = 1 m. 48) ne sont pas atteintes. De plus, sur le devant, il manque un morceau d'environ o m. 30 × o m. 70, qui devrait réunir, au bas de la poitrine, les parties en retour du grand morceau.

Il est à remarquer que, dans ce travail minutieux et qui a fixé pour ainsi dire maille par maille la Sainte Relique sur une étoffe solide, nulle trace de couture n'a pu être trouvée ; les manches elles-mêmes font partie du vêtement par tissage et non par addition. L'application est faite légèrement avec de la soie et celle-ci peut être facilement enlevée.

Monseigneur l'évêque de Versailles a voulu assister à la plus grande partie du travail, et se rendre compte par lui-même de l'exactitude de ce qui précède. L'examen très précis de la Relique et le rapprochement des parties correspondant les unes aux autres, ne laissant aucun doute sur la nature de cette relique. C'est une tunique de dessous, et elle est sans couture.

La Sainte Tunique, enroulée sur son étoffe protectrice, a été reposée dans le reliquaire, lequel fut scellé du sceau épiscopal.

En foi de quoi, la présente relation a été signée par les témoins.

PAUL, évêque de Versailles. (1)

Telle est patiemment reconstituée et savamment décrite, dans son état actuel, l'inconsutile Tunique fabriquée sur le métier de Nazareth et jouée aux dés sur le Golgotha.

Quelle histoire et quelles vicissitudes que les siennes ! quelles sombres et éclatantes révélations !

Elle passe de Judée à Constantinople ; de Cons-

(1) Nous avons emprunté à M. l'abbé Jacquemot *in op. laud.* ces trois documents ; les journaux avaient déjà publié les deux premiers et le bruit soulevé à leur apparition avait été considérable.

15.

tantinople elle est apportée en France ; elle échappe aux fureurs des Normands, des Hugenots et des terroristes ; elle reçoit les adorations de Charlemagne et de saint Louis ; les prélats les plus illustres s'estiment heureux de la contempler, des prêtres aussi éminents que le cardinal de Bérulle, aussi saints que le Père de Condren de l'Oratoire et M. Olier de Saint-Sulpice la baisent avec la plus respectueuse émotion ; les fidèles se pressent autour de son autel, des malades y retrouvent la santé, des aveugles la vue, des paralytiques l'usage de leurs membres ; les grâces surnaturelles sont plus abondantes encore. Que désirer et qu'attendre de la glorification nouvelle de ce souvenir palpable de l'humanité du Sauveur, sinon un accroissement des bienfaits de sa Rédemption et une effusion plus considérable de son esprit de sacrifice, de charité et de paix ?

APPENDICE

Notes historiques sur le monastère d'Argenteuil

La fondation du Prieuré d'Argenteuil remonte au moins à la seconde moitié du viie siècle, au règne de Clotaire III, roi de Neustrie et de Bourgogne en 656. Suger, l'illustre abbé de Saint-Denis, prétendait avoir tenu entre ses mains la charte d'établissement, mais aux renseignements qu'il ajoute, on suppose que sa mémoire le servait mal (1). Dom Wyard commet également une autre inexactitude, lorsqu'il avance que des moines en furent les premiers habitants ; il pensait expli-

---

(1) Suger : *Liber de rebus in suâ administratione gestis*. Cap. III. De recuperatione Argentoilensis abbatiæ.

quer de cette façon les droits revendiqués jadis par le ministre de Louis le Gros et dont la reconnaissance avait remis Notre-Dame de l'Humilité sous la dépendance de sa riche et puissante voisine. L'histoire nous fournit une autre cause de cette espèce de sujétion ; elle tient aux fondateurs eux-mêmes. Une charte de Louis le Débonnaire, dont nous citerons plus bas les principaux passages, nous apprend en effet que deux époux, aussi généreux que fortunés, Ermenricus et Mumana, avaient construit sur un terrain, qui était leur propriété un vaste monastère et dans leur testament, par une cession solennelle et définitive, ils l'avaient offert aux religieux du bienheureux martyr Saint Denis ; la crainte de Dieu et un profond esprit de charité les avaient poussés à cette entreprise. Clotaire III, afin de la rendre plus stable, l'avait confirmée de son autorité royale. L'usage du reste n'était pas rare de voir s'élever ainsi auprès d'un couvent d'hommes, une maison destinée à des religieuses, soumises à leur règle et placées sous leur direction.

Cette union dura jusqu'à Charlemagne ; il la rompit au bénéfice de sa fille et de ses compagnes ; mais divers monuments en attestent pendant plus de cent cinquante ans le paisible maintien et les sérieux avantages.

Nous citerons d'abord un diplôme de Childebert III, connu de Dom Jacques Du Breuil, mais perdu, lorsque notre historien de la Tunique Inconsutile séjournait au prieuré ; il fut retrouvé par l'abbé Fleury dans un coin abandonné de la tour de sa maison ; communiqué par ses soins à Dom René Massuet, le continuateur des *Annales Bénédictines*, il fut enfin publié par son successeur, Dom Martène, dans le tome VI de cet imposant ouvrage. Par ce titre, le prince fait don de la forêt de Cormeille, qui s'étendait sur la rive droite de la Seine, relevant du fisc depuis un temps immémorial et confiée à la surveillance des forestiers royaux. L'abbesse qui gouvernait alors se nommait Leudesinde ; le couvent était dédié à Sainte Marie, aux apôtres saint Pierre et saint Paul et encore à d'autres patrons ; les vierges consacrées à Dieu s'y soumettaient à une sévère observance. La pièce a été signée à Compiègne ; elle est datée du trois avril de la troisième année du règne de Childebert, c'est-à dire de l'an 697 (1).

Deux autres documents sont à produire, un de Pépin et un de Carloman. Le chef de la dynastie carlovingienne réserve dans de nombreuses concessions de territoire et en particulier de la forêt d'Iveline au profit de l'abbaye de Dagobert, ce qui appartient déjà à Notre-Dame d'Argenteuil (2).

(1) *Annal. Bened.* T. VI, lib. 75. num. 62, Append.
(2) Félibien. — *Histoire de Saint-Denis.* — Preuves.

Carloman son fils, deux ans après, c'est-à-dire en 770, sur les instances de l'abbesse, appelée Ailine, renouvelle toutes les immunités obtenues de ses prédécesseurs; il soustrait de nouveau les domaines à la juridiction des magistrats publics, les exempte de l'impôt, du séjour des troupes et de toute autre exigence fiscale. Malheureusement aucune des possessions n'est indiquée : leur nombre n'en est pas non plus marqué; c'est regrettable, nous aurions par là été mis au courant de l'état de prospérité et de fortune du monastère. De trop vagues indications portent à croire cependant que, sans atteindre la vaste puissance territoriale de Chelles par exemple, également situé dans le Parisis, la maison bâtie par Ermenricus et sa pieuse femme, avait reçu de notables accroissements (1).

Est-ce à ces avantages qu'il convient d'attribuer le choix qu'en fit Charlemagne pour y conduire et y renfermer Théodrade? Ne serait-ce pas plutôt la proximité de Saint-Denis et ses bons rapports avec l'abbé Fardulf qui l'auraient décidé? Nous serions tenté de le supposer, surtout après l'acte de séparation, de dislocation, pour ainsi dire, qu'il provoqua. Tout autre qu'un serviteur absolument dévoué et lié par la plus

---

(1) Dom Martène. — *Annales Bénéd.* cod. loc. C'est la seconde charte découverte par l'abbé Fleury; la première est conservée en original à la Bibliothèque nationale.

vive reconnaissance ne s'y serait peut-être pas aussi facilement prêté. Fardulf, d'origine lombarde, était ce diacre de Saint-Pierre de Regensburg qui avait été, contre son gré et au péril de sa vie, le confident du complot tramé contre Charlemagne ; malgré le serment qu'on lui avait arraché par violence, il n'avait pas hésité à dénoncer les coupables. Après l'assassinat de leur maître, ils se proposaient de placer sur le trône un de ses fils, difforme de corps, de tempérament débile, Pépin, depuis longtemps exilé de la cour et retenu loin des affaires. La reine Fastrade, femme altière, cruelle et vindicative, n'était pas moins menacée que son époux ; moins indulgente que lui, elle exigea un châtiment inexorable, sans prévoir qu'elle-même ne tarderait pas d'avoir besoin auprès du souverain Juge de cette miséricorde qu'elle refusait à des sujets, que son orgueil et sa partialité avaient contribué à jeter dans le crime. Le moine de Regensburg avait-il servi les desseins de la reine plus même qu'il ne l'imaginait ; sa présence dans l'église, pendant la nuit de la conspiration, qu'il attribuait au hasard, avait-elle été concertée pour mieux surprendre le secret des conjurés, il est assez permis de le supposer, sans en avoir toutefois une pleine certitude. Il ne tarda pas, du reste, à recevoir le prix de son adresse ou de son zèle ;

l abbaye de Saint-Denis, une des premières du royaume, récompensa son dévouement ; ses moines eurent à se louer de son administration, et dans ses mains la crosse ne fut pas une verge de fer. Mais lorsque l'empereur lui exprima le désir de voir déclarer le monastère d'Argenteuil indépendant de sa juridiction et lui demanda de renoncer à tous ses privilèges, soit à l'intérieur vis-à-vis des religieuses, soit au dehors sur les fermes et les colons, son assentiment ne pouvait être que très prompt et très complet. A l'arrivée de la fille aînée de son ancienne protectrice, s'il vivait encore, en lui imposant le voile noir des vierges, et en lui passant au doigt l'anneau symbolique de son alliance perpétuelle avec sa communauté, il ne manqua pas de se réjouir d'une décision si honorable à l'ordre de Saint-Benoît et si pleine de promesses pour le bien de toute l'Eglise de France.

J'ignore à quelles sources nos vieux auteurs ont puisé les renseignements qu'ils se plaisent à développer sur les heureuses suites de la vocation et du gouvernement de Théodrade à Notre-Dame de l'Humilité. Elle y aurait attiré, à les entendre, un nombre considérable de jeunes filles de la plus noble naissance et de la plus haute distinction ; une espèce de cour, à l'imitation d'Aix-la-Chapelle, s'y serait établie, tout entière occupée aux pratiques d'une piété sérieuse, non moins qu'à de dures mortifications, prolongeant les jeûnes et les veilles, assidue à l'office, avide d'oraison, de solitude et de travail.

Les documents authentiques sont dépourvus de ces édifiants détails ; leur sécheresse est peut-être plus près de la vérité ; il est prudent de ne la tenir que d'eux. Un antique martyrologe inscrit Charlemagne au premier rang des bienfaiteurs ; il y établit des fondations qui furent soigneusement remplies, et chaque mois, après sa mort, on célébra une messe d'anniversaire. Berte, fille d'Hildegarde, une des sœurs aînées de l'abbesse, donna un vaste terrain, afin d'agrandir la clôture ; probablement vint-elle y chercher un asile pour sa vieillesse délaissée, si différente de la pompe et des fêtes de ses jeunes années. On nomme encore une troisième sœur Gisèle, qui aurait cédé au même attrait pour le célibat ; mais une confusion a pu s'établir entre elle et une de ses tantes, portant le même nom et morte à Chelles dans le commencement du neuvième siècle.

Pour Théodrade, deux actes confirment sa présence à la tête de ses filles ; l'un est de peu d'importance ; c'est un simple échange entre elle et Eginhard, abbé de Saint-Wandrille, en Normandie ; elle livre, contre deux serfs que lui cède Eginhard, Imbold et Volframn, un prêtre, de condition servile, Gulfoc, qui avait sans doute reçu les ordres contre le gré de son maître, en trompant l'évêque, car l'usage était de n'élever à la cléricature que des hommes libres ou du moins affranchis (1).

L'autre diplôme a été signé par les rois Louis le Débonnaire et Lothaire ; accordé à Théodrade, il fut plutôt sollicité par l'abbé de Saint-Denis, désireux de rentrer quelque jour dans ses droits qu'il considérait comme suspendus et non pas indéfiniment aliénés. Hilduin était, en effet, un des personnages les plus considérables de l'époque ; il cumulait les abbayes de Saint-Denis, de Saint-Médard de Soissons et de Saint-Germain-des-Prés ; il exerçait les fonctions d'archichapelain du palais impérial ; écrivain, politique, son crédit était tout-puissant ; il amena sans effort les princes à reconnaître que l'indépendance d'Argenteuil n'avait été obtenue qu'à titre précaire, et Théodrade elle-même, en faisant le même aveu, s'engagea à rendre ce qu'elle tenait de la libéralité de son père et de ses frères, soit à sa mort, soit à son départ, si elle se décidait d'habiter un autre cloître (1).

(1) Mabillon *De re Diplomatica* Lib. VI. — Annales Bénéd. T. II.

(1) Cette charte est datée de 828 : elle a été insérée par Dom Jacques Doublet (p. 736) dans son *Histoire de l'Ab-*

Les dissensions entre les fils du Débonnaire, qui ne tardèrent pas à remplir le royaume de troubles et de guerres prolongées, les Normands surtout, dont les premières barques touchèrent aux rives d'Argenteuil, avant que la princesse ait fermé les yeux, rendirent inutiles précautions et promesses. On a cependant conservé encore le nom d'une abbesse, Odde, qui aurait remplacé la fille du grand roi des Francks. Mais après la dispersion des religieuses, effrayées de l'approche des barbares et fuyant leurs brutalités plus que la mort, les bâtiments furent livrés au pillage et aux flammes, l'église fut incendiée; il ne resta même pas quelque pan de muraille calcinée pour marquer la violence des païens et la fureur de leur passion dévastatrice.

Près d'un siècle et demi s'écoula, avant que personne songeât à rassembler les pierres dispersées et à repeupler cette solitude et ces ruines abandonnées de Dieu et de ses servantes. Une reine de France, la veuve de Hugues Capet, eut l'initiative de cette résurrection; elle en prit à sa charge les dépenses et l'avenir. Le biographe de son fils, Robert le Pieux, n'a pas omis de rapporter tout au long cette fondation : voici la tra-

---

baye de *Saint-Denis de France*, contenant les *Antiquités d'icelle* etc. Paris M. Soly, 1625, in-4°. — Aussi dans le *Gallia Christiana* T. VII Instrum. 8.

duction du texte d'Helgadus qu'on a lu plus haut au chapitre dix-neuvième.

« La reine Adélaïde construisit un monastère dans le territoire du Parisis, en un lieu dit Argenteuil ; elle y rassembla un bon nombre de servantes du Seigneur, décidées à vivre sous le nom de saint Benoît ; elle voulut que pour la louange et la gloire de l'inspirateur de tout bien, c'est-à-dire le Saint-Esprit, et pour l'honneur de la sainte Mère de Dieu, Marie toujours vierge, il fut dédié et consacré au Tout-Puissant. »

Il ne suffit pas à cette généreuse princesse d'avoir préparé la ruche et rappelé l'essaim, elle voulut encore fournir aux abeilles les champs pour butiner et les fleurs destinées à fabriquer leur miel ; elle se montra d'une libéralité sans égale ; dix-sept grandes métairies, dont quelques-unes étaient de véritables villages avec église et jusqu'à trente feux, des moulins, des vignes, des prés, le droit de deux pêches dans l'île appelée Béliseïa, dans Argenteuil même tout ce qui avait appartenu à Hugues Capet, de plus le droit de marché, celui du passage des voitures par terre, le droit de tensement du vin, tel fut son offrande de joyeuse restauration.

Robert le Pieux s'empressa d'approuver et de confirmer toutes les largesses maternelles dans une charte rédigée à Saint Denis même, le jour de

Pâques de l'année 1003. Son chancelier Francon la contresigna (1).

Cette nouvelle période de l'histoire des Bénédictines de l'Humilité ne nous est connue que par le brusque dénouement qui la termina un peu plus de cent ans après son début. Les barbares avaient chassé leurs devancières ; les désordres de celles-ci furent cause de leur expulsion. L'abbé Suger, comme il le dit, dans son livre *De rebus in suâ administratione gestis*, ne se résigna pas à supporter l'énormité de leur méchante vie ; il se rappela à propos ses titres et ses droits et il envoya des députés au pape Honorius II, chargés de lui communiquer les pièces et de lui demander de rendre à l'abbaye une maison si indignement occupée.

Le Souverain Pontife avait alors en France un légat des plus capables et des plus fermes, Mathieu cardinal, évêque d'Albano, ancien chanoine de Reims, moine à Saint-Martin-des-Champs et plus tard prieur de Cluny ; lié d'amitié avec saint Bernard et Pierre le Vénérable, il avait montré pour la discipline religieuse et sa réforme un zèle que les plus graves persécutions n'avaient pas ralenti ; il convoqua à Saint-Germain-des-Prés,

---

(1) Publiée dans *l'Histoire de l'Eglise de Paris* du P. Dubois ; elle a été reproduite dans le *Recueil des Historiens de France*. T. X, p. 585.

dans le courant du mois de février 1129, une assemblée d'évêques ; on y comptait avec l'évêque de Paris, Etienne, ordinaire du lieu, les archevêques de Reims et de Bourges, les évêques de Soissons, de Chartres, de Clermont, de Langres, d'Autun, de Troye, de Noyon, de Laon et d'Orléans ; le roi Louis le Gros, Adélaïde sa femme et son fils aîné Philippe ; plusieurs abbés et beaucoup de seigneurs de distinction y assistaient aussi.

A peine eut-on commencé de siéger qu'il s'éleva comme une clameur générale contre la conduite scandaleuse des moniales d'Argenteuil, leurs débordements et leurs infamies ; tous les prélats réclamèrent leur expulsion immédiate ; Suger présenta sa requête et obtint la substitution de religieux tirés de Saint-Denis à ces pauvres femmes dont les mœurs étaient si peu conformes à leur profession. Ce n'était que justice de mettre fin à un état de choses aussi dommageable à l'honneur de la religion. La lettre du cardinal légat ne laisse pas le moindre doute à cet égard ; après avoir flétri le mal à corriger, il frappe les coupables et ordonne leur bannissement (1).

1) Subito in communi audientia conclamatum est super enormitate et infamia cujusdam monasterii sanctimonialium quam dicitur Argentolium, in quo paucæ moniales multiplici infamia ad ignominiam sui ordinis degentes, multo tempore spurca et infami conversatione omnem

Louis VI, qui avait été l'auditeur de la délibération, avec plusieurs membres de sa famille et des seigneurs de sa cour, en particulier Rodolphe, comte de Vermandois, tint à confirmer ce que le légat apostolique et le concile avaient arrêté ; il l'avait agréé avant de lever la séance, il le ratifia à Reims, après les solennités pascales en son nom et au nom de son fils aîné Philippe, qui venait de recevoir l'onction royale et que bientôt le plus banal des accidents, la rencontre d'un pourceau sous les jambes de son cheval dans un carrefour de Paris, devait si prématurément et si malheureusement faire périr.

De son côté le Souverain-Pontife adressa à l'abbé Suger une lettre datée de Latran le 23 avril ; tout en accordant son approbation, il lui recommande de veiller sur les exilées et de les placer dans les lieux où leur salut ne soit pas en danger. « Nous ordonnons, ajoute-t-il, à votre charité d'établir avec soin dans cette maison une communauté fidèle à la discipline monastique ; vous veillerez à ce qu'aucune des religieuses ne se perde par votre faute et dans les monastères où elles se retireront ;

ejusdem loci affinitatem fœdaverant. — *Littera Mathæi Abbanensis episcopi, quibus Argentoliense monasterium abbatiæ Sancti Dionysii de Sententia concilii Parisiensis apud St Germanum a Pratis habiti restituitur.* Labbe Concil. T. X. c. 936. Migne Patrol. lat. T. CLXXIII. Félibien : Preuves, 95.

vous prendrez d'elles une pieuse sollicitude (1)

Des religieuses expulsées une partie se rendit à l'abbaye de Footel ou de Notre-Dame-de-Malnoue, dans la Brie, à une distance de six à sept lieues de leur résidence ; les autres, sous la conduite de l'abbesse, la fameuse Héloïse errèrent de côté et d'autre jusqu'au jour où Abélard les recueillit et les installa au Paraclet, espèce d'ermitage qu'il s'était créé sur la petite rivière d'Ardançon, dans le diocèse de Troye ; il leur abandonna sa fondation et se retira à Cluny, où il mourut en regrettant ses fautes romanesques au moins autant que ses erreurs, sans se douter qu'elles lui vaudraient la plus contestable et la plus durable part de sa singulière popularité !

Mais un des successeurs d'Etienne de Senlis, l'évêque de Paris, ne se montra pas aussi favorable partisan que lui des changements que le crédit de Suger n'avait pas moins contribué à précipiter et à opérer que la justice et le bon droit. Maurice de Sully rouvrit le débat contre Eudes de Deuil ; il prétendait que tout devait à Argenteuil être rétabli dans l'état primitif ; il réclamait la reprise de possession par les religieuses et l'élection d'une abbesse tout au moins il exprimait la volonté que le titre

---

(1) *Honorius, servus servorum Dei, dilecto in Christo filio Suggerio abbati S. Dionysii salutem et apostolicam benedictam.* — Datum Laterani nono Kalendas Maii. Félibien (*Histoire de l'abbaye de St Denis*) reproduit la charte royale et la missive pontificale. *Preuves* N. 126 et 127.

de l'abbaye ne fut pas supprimé et que le monastère relevât de sa juridiction, ainsi que les autres, cessant d'être une simple annexe de Saint-Denis.

L'affaire fut proposée à un arbitrage ; Milon archiprêtre de la cathédrale de Milan, Osimond chanoine de Notre-Dame, Haimery moine de Saint-Denis se réunirent au palais épiscopal en présence du pape Alexandre III et en décida que pendant trois ans les choses resteraient en état, sans préjudice pour aucun des deux partis.

La trêve se prolongea jusqu'en 1207 ; alors la discussion fut rouverte à la fois par l'évêque de Paris, Eudes de Sully et par l'abbesse de Footel. Trois juges apostoliques, Gilles prieur de Saint-Victor, Simon, grand chantre de Senlis et maître Robert de Corchon, chanoine de Noyon, amenèrent l'abbé Henri à une double composition. Vis-à-vis du monastère de Footel il s'engagea à lui céder la dîme de Tremblay d'un revenu annuel de dix livres, contre l'abandon de toutes ses prétentions présentes et futures : avec l'évêque, et le chapitre, promettant de ne jamais intervenir pour l'éloignement des moines, il accepta la reconnaissance des droits juridictionnels ordinaires et la soumission éventuelle aux interdits et aux excommunications : il servira de plus à l'évêque deux procurations l'une sans taxe, selon la coutume, l'autre ne dépassant pas soixante sols :

l'archidiacre en prendra deux aussi ; la taxe de la sienne sera de vingt sols. (1)

La conclusion de la paix calma les esprits : mais la prospérité maternelle fut plus lente à venir. La pauvreté était extrême et les religieux se plaignaient de leur condition, qu'ils trouvaient inférieure à celle de leurs frères voisins. C'est au moins ce qu'il est permis de conclure d'un règlement que l'abbé Eudes Clément rédigea en 1231. Il constate avec regret qu'ils n'ont pas suffisamment de quoi subsister ; le vivre et le vêtement manquent. Il ordonne qu'ils soient traités aussi bien que ceux de Saint-Denis : ils auront comme eux chaque jour deux pitances de pois ou de fèves avec un potage : pour le vestiaire il sera décent, mais ils le recevront toujours en nature : défense est faite de leur en remettre la valeur en argent ; il est permis du reste d'accepter des legs pieux, de faire de nouvelles acquisitions d'améliorer un temporel des plus précaires.

Les prieurs y veillèrent : quelques-uns d'entre eux méritent de n'être pas oubliés, entre les autres Nicolas de Boissy, auquel Pierre de Condet, chanoine de Notre-Dame et chapelain de Louis IX, envoya le récit de la croisade de Tunis : Jean de Faudoas dont les libéralités aidèrent à

---

(1) Dom Félibien *Preuves* : 87, 109, 110.

relever l'église tombant en ruines. Les abus de la commende commencèrent avec son remplaçant, Philippe de Dampierre : on fut contraint de le déposer, tant son administration était pleine de honteuses dilapidations. Après lui nous ne trouvons à relever sur la liste dressée par les auteurs du *Gallia Christiana* que les noms du cardinal Ludovisio, neveu de Grégoire XI et de celui Jacques Vigier évêque de Troye. Dom Wyard a suffisamment parlé de maître Jacques Fouyn, contemporain du sac des Huguenots. Il ne nous reste plus qu'à compléter ces notes sommaires par quelques lignes sur l'introduction des réformés de Saint-Maur : nous le ferons en utilisant l'histoire manuscrite de Dom Mège et les mémoires également inédits de Dom Audebert prieur de Saint-Denis et en 1660 Supérieur général. (1)

Il semble qu'après les guerres civiles du protestantisme, le prieuré de l'Humilité soit demeuré dans un état d'abandon et de relâchement qui offusquait les gens de bien et ne contribuait pas à exciter la dévotion de la population locale ni des pèlerins. On prenait peu de soin de remplacer les religieux que la mort enlevait et le nombre

---

(1) Biblioth. nat. Fonds lat. 13859-13861. — Fonds franç. 17672. — *Chroniques de la Congrégation de St-Maur depuis 1642 jusqu'en 1650.*

nécessaire pour les fonctions sacrées n'était plus rempli. Pendant longtemps il n'y eût même qu'un seul bénédictin, frère Jean Gossier, dont Mgr Jean Doc, grand prieur de Saint-Denis, évêque de Laon et grand vicaire du cardinal Charles de Lorraine, abbé commendataire, avait reçu la profession le 28 février 1559. Quatre prêtres séculiers étaient entretenus aux frais du prieur pour l'aider et acquitter les diverses messes de fondation.

Mais vers l'année 1610, on vit se présenter et solliciter leur admission dans l'ordre de St-Benoît, quatre jeunes hommes, deux dans les ordres sacrés et deux simples laïcs. M. de la Fontaine, infirmier de Saint-Denis, abbé de St-Léger de Soissons et grand vicaire du cardinal de Lorraine leur donna le froc et présida à l'émission de leurs vœux solennels le 8 juillet 1612.

Au début de l'année 1646 deux moines moururent coup sur coup, de façon qu'il n'en restait plus que trois, âgés et peu valides. Le titulaire de la commende était un jeune enfant, qui atteignait à peine sa dixième année. Pierre Comboust de Coislin, petit-fils du charretier Séguin. Ce bénéfice, le premier de ceux qu'il devrait posséder en jolie quantité, sans parler de la grande aumônerie royale, de l'évêché d'Orléans et de la pompe cardinalice, lui était échu avec l'âge de raison, juste à sept ans. Mais son grand'père administrait et veillait pour lui et l'esprit de justice et de religion de cet intrigue magistrat étaient une garantie pour les intérêts, placés comme sous sa tutelle. Il eut, paraît-il, tout d'abord le projet de séculariser la maison : autour de lui on l'engageait fortement à ce parti ; on lui représentait qu'autrefois, comme nous l'avons remarqué plus haut, il y avait eu des prêtres et qu'il serait difficile à présent que l'abbaye de St Denis avait passé à la réforme de St Maur de ne pas traiter avec cette congrégation et de ne pas lui demander de ses membres ; or on la représentait comme exigeante et peut exacte à observer les contrats passés avec elle.

Ces raisons avaient impressionné Mgr Séguier, mais tout à coup, ainsi que s'exprime Dom Bernard Audibert, Dieu le changea : la seconde semaine de carême il fit dire au R. P. Général, Dom Grégoire Tarisse d'envoyer quelques religieux visiter le prieuré et examiner l'état des lieux réguliers. Il promettait d'ajouter 600 livres aux dix-huit cents assignés pour la messe conventuelle et il prendrait à sa charge les réparations nécessaires et les frais de retour de tous les biens aliénés, afin d'en servir les fruits francs et quittes de tous dépens.

Le 22 février trois Mauristes, Dom Placide de

Sarcus, Dom Benoît Brachet, assistant du Père Général, et le prieur de Saint-Denis, Dom Bernard Audebert, se rendirent à Argenteuil. Ils furent accueillis les bras ouverts par le sousprieur, Dom Manceau, un des religieux profès de 1612. Le vrai disciple de St Benoît désirait de tout son cœur la réforme ; il n'avait cessé de solliciter ; lui-même avait commencé son noviciat à Jumièges avec l'intention d'embrasser l'observance de Saint-Maur ; la faiblesse de sa santé l'avait seule contraint de se retirer, mais tous ses sympathies étaient demeurées à la Congrégation. C'était le meilleur des amis et des auxiliaires dans la place.

Néanmoins après que le concordat eut été préparé, au moment de l'accepter on souleva des objections qui firent traîner l'affaire en longueur et menacèrent même de la rompre. Dom Manceau redoubla d'instances et de prières ; enfin les signatures furent apposées le 19 juillet 1646. Je suppose que l'acte fut paraphé à l'hôtel Séguier, situé sur le quai de la Seine, tout près de St Germain des Prés. Dom Audebert raconte que le chancelier avait à ses côtés son petit-fils, l'abbé de Goislin, qui signa avec lui ; une quantité de seigneurs et de parlementaires avaient été invités. M. Séguier rendit publiquement témoignage des sentiments d'estime qu'il professait pour la Congrégation et se tournant vers les moines présents,

« Il les pria instamment d'aimer et d'honorer son petit-fils pour l'amour de lui et fit offre de sa faveur et de sa protection. »

La fête de St Martin suivante, le 11 novembre, Dom Audebert prenait possession ; il célébrait solennellement la messe devant une grande affluence de peuple et installait comme supérieur de la communauté nouvelle, Dom François Chevrier. (1) Au Chapitre général, tenu à la Sainte Trinité de Vendôme, Dom Nicolas Bourdoys fut canoniquement élu premier prieur. Il exerça ses fonctions pendant six ans ; dans la liste de ses successeurs, dont le mandat était triennal, avec la faculté d'être renouvelé une fois, nous relevons peu de noms dignes de quelque notoriété ! A part le R. P. Dom de l'Hostallerie qui fut plus tard appelé à la dignité de Supérieur général, nous ne trouvons guères à rappeler que Dom François Vrayck, Dom Louis de la Marre, Dom Astor de Géranton, dont nous avons parlé dans l'introduction, Dom Edme Perreau, plus tard curé de St Symphorien dans l'enclos de l'abbaye de St Ger-

---

(1) Le Registre-Matricule mentionne deux religieux du même nom ; l'un né à St Dizier ; l'autre de Bourg en Bresse ; il s'agit ici du premier, profès de St Remy à l'âge de 20 ans, le 29 février 1636. En quittant Argenteuil il fut envoyé prieur à St Médart de Soissons et successivement à Nodillé, à St Jouin de M....., à Molesmes ; il mourut le 27 janvier 1687 à St Vin..... du Mans.

main des Prés et fameux par l'ardeur de son jansénisme et ses luttes avec le cardinal de Bissy. Mais obscurs ou célèbres l'histoire se plaît à constater que jusqu'à l'heure où les décrets de la Révolution les jetaient hors du cloître, les prieurs et les moines de St Maur furent fidèles à la discipline et attentifs à rendre à la Sainte Tunique, dont ils avaient la garde, un culte sincère et des hommages constants.

TABLE

INTRODUCTION

Pourquoi cette publication. — Un bénédictin oublié, Dom Wyard et son Histoire de la Sainte-Tunique. — Dom Gabriel Gerberon et ce qu'il doit à son confrère de St-Maur. — La critique bénédictine et l'authenticité de la vénérable relique d'Argenteuil. — La part de la légende dans la tradition et l'incontestable légitimité du culte. — Difficultés de suppléer au silence de l'histoire ; embarras plus grand à ne pas tenir compte de ses documents sérieux. — Sage opinion du plus savant des moines, Dom Mabillon.................................... 5

MANUSCRIT DE DOM WYARD

ÉPITRE DÉDICATOIRE..................................... 49
AU LECTEUR 53

CHAPITRE I

Notre-Seigneur Jésus-Christ a eu plusieurs vêtements... 57

CHAPITRE II

De la Tunique Inconsutile en particulier, quel vêtement elle était et son usage............. 65

CHAPITRE III

De la matière dont la Tunique Inconsutile de Notre-Seigneur a été faite................... 69

CHAPITRE IV

De la façon et de la couleur de la Sainte-Tunique Inconsutile...................................... 73

CHAPITRE V

La Sainte Vierge Marie est l'ouvrière de cet ouvrage.. 77

CHAPITRE VI

Quand Notre-Dame a fait la Sainte Tunique Inconsutile de Notre-Seigneur.................. 81

CHAPITRE VII

Si Notre-Seigneur quitta quelquefois sa Tunique Inconsutile........................... 89

CHAPITRE VIII

Une femme qui souffrait d'un flux de sang depuis douze ans est guérie au simple attouchement des vêtements de Notre-Seigneur............ 93

CHAPITRE IX

De la Transfiguration de la Sainte Tunique et des autres habits de Notre-Seigneur............. 99

CHAPITRE X

La Tunique de Notre-Seigneur a été toute mouillée de la sueur de sang et d'eau, au Jardin des Olives...................................... 103

CHAPITRE XI

De ce qui arriva à la Sainte Tunique Inconsutile pendant la Passion de Notre-Seigneur jusqu'au Mont du Calvaire............................ 105

CHAPITRE XII

De ce qui arriva aux habits de Notre-Seigneur sur le Calvaire.................... 109

CHAPITRE XIII

Ce que la Tunique Inconsutile est devenue au sortir du Calvaire.................... 113

CHAPITRE XIV

La Sainte Tunique est recherchée et retrouvée en la ville de Zaphat.................... 115

CHAPITRE XV

La Tunique Inconsutile est transportée à Jérusalem et de là en Galatie.................... 119

CHAPITRE XVI

Suite du chapitre précédent, la Tunique Inconsutile de Notre-Seigneur n'est point à Trèves ni à Rome.................... 123

CHAPITRE XVII

La Tunique Inconsutile de Notre-Seigneur est apportée en France.................... 131

CHAPITRE XVIII

L'Empereur Charlemagne donne la Sainte Tunique Inconsutile de Notre-Seigneur au Prieuré de l'Humilité de Notre-Dame d'Argenteuil.... 139

CHAPITRE XIX

La Sainte Tunique Inconsutile de Notre-Seigneur est cachée ; le monastère est détruit et dévasté et rétabli peu après : les Religieuses en sont chassées et les religieux de Saint-Denis rétablis. 151

CHAPITRE XX

La Tunique Inconsutile de Notre-Seigneur est retrouvée dans Argenteuil.................. 155

CHAPITRE XXI

Attentat commis sur l'intégrité de la Sainte Tunique Inconsutile puni par miracle.......... 195

CHAPITRE XXII

La Sainte Tunique Inconsutile est portée en procession à Saint-Denis en France............. 199

CHAPITRE XXIII

Le bourg d'Argenteuil est clos de murailles pour conserver la Sainte Tunique.................. 201

CHAPITRE XXIV

La Sainte Tunique échappe des mains impies des Huguenots........................... 203

CHAPITRE XXV

Le monastère d'Argenteuil est rétabli par les libéralités d'Henri Troisième................... 205

CHAPITRE XXVI

Les rois, reines et autres personnes de qualité viennent rendre leurs hommages à la Sainte Tunique................................. 207

CHAPITRE XXVII

Des processions qui se font en l'honneur de la Sainte Tunique Inconsutile.................. 209

CHAPITRE XXXVIII

Plusieurs miracles opérés par la vertu divine de la Sainte Tunique Inconsutile de Notre-Seigneur à Argenteuil......................... 213

CHAPITRE XXIX

La confrérie de la Sainte Tunique érigée dans l'Eglise du Prieuré de l'Humilité de Notre-Dame d'Argenteuil.................. 231

CHAPITRE XXX

Cérémonie à observer par tradition, quand on montre la Sainte-Tunique.................. 233

CHAPITRE XXXI

Ancienne messe de la Sainte-Tunique Inconsutile tirée mot pour mot, d'un ancien Missel de Paris, imprimé en l'an mil cinq cent cinq et qui se garde encore aujourd'hui dans la paroisse du Faubourg de Saint-Laurent à Paris : Elle est toute conforme à celle que nous avons dans un ancien manuscrit de deux cent cinquante ans. 235

CHAPITRE XXXII

Autres Reliques qui ont accompagné la Sainte-Tunique Inconsutile de Notre-Seigneur dans le Prieuré de Notre-Dame d'Argenteuil......... 243

CHAPITRE COMPLÉMENTAIRE

La Sainte Tunique inconsutile de Notre-Seigneur

est enfermée dans une riche châsse, don de la duchesse de Guise. — Elle est sauvée pendant la Révolution et rendue au culte par le zèle des curés d'Argenteuil avec l'approbation des Évêques de Versailles. — Solennelle ostension du 14 mai 1894............................ 215

APPENDICE

Notes historiques sur le monastère d'Argenteuil.   267

BEAUVAIS
IMPRIMERIE PROFESSIONNELLE, 4, RUE NICOLAS-GODIN

www.ingramcontent.com/pod-product-compliance
Lightning Source LLC
Chambersburg PA
CBHW070738170426
43200CB00007B/566